中国票据市场研究

(2021年第1辑 总第6辑)

中国票据研究中心 编

中国金融出版社

责任编辑:黄海清 白子彤
责任校对:李俊英
责任印制:程 颖

图书在版编目(CIP)数据

中国票据市场研究.2021.第1辑/中国票据研究中心编.—北京:中国金融出版社,2021.6

ISBN 978-7-5220-1122-6

Ⅰ.①中… Ⅱ.①中… Ⅲ.①票据市场—中国—文集 Ⅳ.①F832.5-53

中国版本图书馆CIP数据核字(2021)第080592号

中国票据市场研究.2021.第1辑
ZHONGGUO PIAOJU SHICHANG YANJIU.2021.DI-1 JI

出版
发行 中国金融出版社

社址　北京市丰台区益泽路2号
市场开发部　(010) 66024766, 63805472, 63439533 (传真)
网 上 书 店　www.cfph.cn
　　　　　　(010) 66024766, 63372837 (传真)
读者服务部　(010) 66070833, 62568380
邮编　100071
经销　新华书店
印刷　保利达印务有限公司
尺寸　185毫米×260毫米
印张　7
字数　93千
版次　2021年6月第1版
印次　2021年6月第1次印刷
定价　49.00元
ISBN 978-7-5220-1122-6
如出现印装错误本社负责调换　联系电话 (010) 63263947

编 委 会

编委会主任：宋汉光
编委会委员：（按姓氏笔画排序）
　　　　　　孔　燕　刘莉亚　刘晓春　李　敏　何邵聪
　　　　　　陈卫东　郑少华　侯　林　黄　斌

主　　　编：宋汉光
副 主 编：孔　燕　刘莉亚
执 行 主 编：颜永嘉
本期责任编辑：沈艳兵　张　斌　李丽佳

理 事 单 位：上海票据交易所
　　　　　　上海财经大学
　　　　　　中国工商银行
　　　　　　中国农业银行
　　　　　　招商银行
　　　　　　上海浦东发展银行
　　　　　　兴业银行
　　　　　　中国民生银行

目 录

特　稿　　　　　　　　　　　　　　　　　　　　　　　　　　　1
票据发展新助力　信用建设新起点　　　　　　　　宋汉光　3

制度建设　　　　　　　　　　　　　　　　　　　　　　　　　7
《规范商业承兑汇票信息披露》（中国人民银行公告
〔2020〕第19号）　　　　　　　　　　　　　　　　　　9
《商业承兑汇票信息披露操作细则》（上海票据交易所
公告〔2020〕4号）　　　　　　　　　　　　　　　　　11

市场观点　　　　　　　　　　　　　　　　　　　　　　　　17
商业承兑汇票信息披露相关制度的发布具有里程碑意义　肖小和　19
完善信息披露制度　构建商业信用体系　建设成熟票据
市场　　　　　　　　　　　　　　　　　陆　跃　王晓明　24
聚力推行商票信息披露机制　助力推进票据市场健康发展
　　　　　　　　　　　　　　　　　　　邹　江　狄　繁　30
商票信披机制建立　票据市场重构之路已然开启　　胡　晓　35
顺应商业信用发展需要　推进商票信息披露　谢康康　黄家驹　45

操作实务　　　　　　　　　　　　　　　　　　　　　　　　51
票据信息披露平台试运行情况　　　　　　　上海票据交易所　53
票据信息披露平台操作要点（2021年4月）　　上海票据交易所　55
票据信息披露平台常见问题汇总　　　　　　上海票据交易所　95

大事记　　　　　　　　　　　　　　　　　　　　　　　　101
商业承兑汇票信息披露工作大事记　　　　　上海票据交易所　103

特　稿

票据发展新助力
信用建设新起点

宋汉光[①]

2020年12月23日,中国人民银行公告〔2020〕第19号发布,规范商业承兑汇票信息披露工作;12月30日,上海票据交易所公告〔2020〕4号发布,出台《商业承兑汇票信息披露操作细则》,为信息披露提供具体操作指引。中国人民银行、上海票据交易所公告的发布标志着商业汇票信息披露机制正式建立,商业信用体系建设步入新阶段,为票据市场发展构筑了新基石。

一、商票功能发挥受限,信息披露"势在必行"

票据具有签发便利、融资简便、成本低廉等特点,成为企业重要的短期融资工具。其中,体现企业商业信用的商业承兑汇票需求增长明显,签发量也逐步增加。2020年,商业承兑汇票累计签发承兑量3.62万亿元,同比增长19.77%,占商业汇票承兑总量的16.39%,累计贴现量1.03万亿元,承兑贴现比达到28.51%。

但是,受制于商业信用评价和应用较少、商业承兑汇票市场透明度低、违约处置机制约束力弱等因素,商业承兑汇票整体流动性较差,融资便利性较

---

① 作者简介:宋汉光,中国票据研究中心理事长,上海票据交易所党委书记、董事长。

低，无法充分发挥其功能。因此，开展商业汇票信息披露、构建良好的商业信用体系，成为拓展票据融资功能、提升票据市场活力、支持实体经济发展的重要前提。

二、试点工作有序推进，平台运行稳定高效

面对开展商业汇票信息披露的紧迫需求，经过认真研究部署，在中国人民银行的指导下，上海票据交易所于2020年1月15日发布了《关于商业汇票信息披露平台试运行有关事项的通知》（票交所发〔2020〕9号），并于1月16日上线试运行票据信息披露平台（http://disclosure.shcpe.com.cn），首批参与试点企业共21家，商业汇票信息披露工作开始试点。

2020年2月28日，上海票据交易所发布《关于商业汇票信息披露平台自主注册功能上线的通知》（票交所发〔2020〕21号），商业汇票承兑企业和财务公司可在商业汇票信息披露平台自主注册后开展信息披露工作，试点范围开始有序扩大。

经过近1年的试运行，信息披露试点工作有序推进，信息披露平台运行稳定，参与企业不断增加，市场关注度逐渐上升。截至2020年末，平台注册用户共418家，覆盖全国24个省市，其中企业387家、财务公司31家，披露承兑信息的票据约15万张，披露金额超1000亿元，公众查询量约28万次。

三、商业信用持续优化，票据发展未来可期

人无信不立，业无信不兴。充分的信息披露和健全的商业信用体系是揭示票据业务风险、促进理性投资、提高市场有效性的必要保障。开展商业承兑汇票信息披露，对于商业信用持续优化和票据市场健康发展具有重大意义。随着信息披露制度的日益完善，商业信用的不断发展，票据市场活力将进一步得到

释放，票据业务发展也将迎来更加光明的前景。

（一）提升企业信用意识，规范票据业务行为

公告对承兑人信息披露的准确性、时效性提出了要求，明确了托收应答等相关业务应规范操作，信用状况良好、业务操作规范的企业更有可能优先获得银行承兑、贴现服务，融资便利度提升，从而促使企业提高信用意识，努力优化自身信用，减少不规范的票据业务行为。

（二）改善风险识别效果，提高金融服务能力

商业承兑汇票信息披露机制全面施行后，企业在签收商业承兑汇票前，可通过信息披露平台查询票据承兑信息，提前识别、防范相关票据风险，优化投资决策，保障自身合法权益。同时，金融机构办理承兑、贴现、质押、保证等业务时须履行相关查询义务，了解企业承兑票据信息及信用情况，从而增强了金融机构识别企业信用状况的能力，引导资金合理流向信用状况良好的企业，增强金融服务实体经济的精准性。

（三）优化商业信用环境，促进票据市场发展

商业承兑汇票是最具代表性的商业信用工具之一。公告的出台为商业汇票信用体系建设提供了基本制度保障和可靠实施载体，是商业信用体系建设的有益探索，对培育企业信用意识、提高商业信用质量、优化商业信用环境具有重要作用，对促进社会信用建设具有积极意义。同时，信息披露解决了商业承兑汇票透明度低的问题，有助于提高商业承兑汇票的市场接受度，释放票据市场活力，更加充分地发挥票据融资功能，促进票据市场持续健康发展。

制度建设

《规范商业承兑汇票信息披露》
（中国人民银行公告〔2020〕第19号）

为加强商业承兑汇票信用体系建设，完善市场化约束机制，保障持票人合法权益，现就商业承兑汇票信息披露有关事宜公告如下：

一、承兑人应当于承兑完成日次1个工作日内披露每张票据的承兑相关信息，包括出票日期、承兑日期、票据号码、出票人名称、承兑人名称、承兑人社会信用代码、票面金额、票据到期日等。

二、承兑人应当于每月前10日内披露承兑信用信息，包括累计承兑发生额、承兑余额、累计逾期发生额、逾期余额等。

三、承兑人对披露信息的真实性、准确性、及时性和完整性负责。

四、企业签收商业承兑汇票前，可以通过中国人民银行认可的票据信息披露平台（以下简称票据信息披露平台）查询票据承兑信息，加强风险识别与防范。

五、金融机构办理商业承兑汇票的贴现、质押、保证等业务前，应当通过票据信息披露平台查询票据承兑信息，票据承兑信息不存在或者票面记载事项与承兑人披露的信息不一致的，金融机构不得办理票据贴现、质押、保证等业务。

六、承兑人披露信息及时、准确、承兑的票据无逾期记录的，金融机构可以优先为承兑人办理银行承兑业务，优先为承兑人承兑的票据办理贴现业务。

承兑人披露信息存在延迟、虚假或者承兑的票据持续逾期的，金融机构应当审慎为承兑人办理银行承兑业务，审慎为承兑人承兑的票据办理贴现、质押、保证等业务。

七、承兑人可以通过票据信息披露平台披露其他信用信息。承兑人在债券市场发生违约的，可以通过票据信息披露平台披露债券违约情况。

八、票据市场基础设施应当提供必要的技术支持，协助承兑人及时、高效披露相关信息，并加强监测，对承兑人披露信息延迟、承兑的票据持续逾期以及披露的信息与电子商业汇票系统记载信息不一致等情况进行提示。企业、金融机构发现伪假商业承兑汇票或者冒名承兑等异常情况的，应当及时告知票据市场基础设施。

九、票据市场基础设施根据本公告及中国人民银行有关要求，制定商业承兑汇票信息披露操作细则，报中国人民银行备案后施行，并定期向中国人民银行报告商业承兑汇票信息披露情况。

十、本公告自2021年8月1日起施行。财务公司承兑汇票的信息披露参照本公告执行。

中国人民银行
2020年12月18日

《商业承兑汇票信息披露操作细则》
（上海票据交易所公告〔2020〕4号）

为加强商业承兑汇票信用体系建设，规范商业承兑汇票信息披露，根据中国人民银行《关于规范商业承兑汇票信息披露的公告》及相关法律制度，上海票据交易所（以下简称票交所）制定了《商业承兑汇票信息披露操作细则》（见附件），并经中国人民银行备案，现予公布施行。

一、《商业承兑汇票信息披露操作细则》自2021年8月1日起施行。自实施之日起，承兑人应在票据信息披露平台（http://disclosure.shcpe.com.cn）完成注册，并按要求披露票据承兑信息和承兑信用信息（具体操作步骤参考票据信息披露平台首页《商业汇票信息披露系统用户操作要点》）。

二、鼓励商业汇票承兑企业和财务公司在公告发布日至实施日的过渡期积极主动开展信息披露。

三、承兑人在信息披露操作过程中如遇问题，请联系票交所，票交所将做好票据信息披露平台的业务咨询和技术支持工作。

联系人：张斌，021-23139790。

服务热线：021-23139999。

特此公告。

附件：商业承兑汇票信息披露操作细则

上海票据交易所股份有限公司

2020年12月30日

附件

商业承兑汇票信息披露操作细则

第一条　为加强商业承兑汇票信用体系建设，完善市场化约束机制，保障持票人合法权益，根据中国人民银行《关于规范商业承兑汇票信息披露的公告》及相关法律制度，制定本细则。

第二条　上海票据交易所（以下简称票交所）建设运营的票据信息披露平台（http://disclosure.shcpe.com.cn）是中国人民银行认可的票据信息披露平台。

第三条　承兑人应当将其承兑票据的承兑信息、承兑信用信息等通过票据信息披露平台向社会公开披露。承兑人应当对其披露信息的真实性、准确性、及时性和完整性负责。

第四条　承兑人进行电子商业汇票信息披露前，应当先在票据信息披露平台注册商业汇票信息披露账号。承兑人注册时应当确保注册信息的真实、完整。

第五条　承兑人注册时应当绑定已开通电子商业汇票业务功能的商业银行账户、财务公司账户或在供应链票据平台登记的企业账户，即电票业务账户。

承兑人有多个电票业务账户办理票据业务的，应当在票据信息披露平台中绑定全部电票业务账户。

第六条　承兑人在票据信息披露平台中绑定的电票业务账户对应的商业银行账户、财务公司账户或在供应链票据平台登记的企业账户已注销的，承兑人应当于账户注销日起5个工作日内在票据信息披露平台中注销相关电票业务账户。

第七条　承兑人发生解散、破产清算或不再开展商业汇票业务的，应当于解散日、破产清算日或不再开展商业汇票业务日起5个工作日内在票据信息披露平台注销商业汇票信息披露账号。

第八条　承兑人商业汇票信息披露账号中的电票业务账户有累计承兑发生

额、承兑余额、累计逾期发生额或逾期余额的，商业汇票信息披露账号或电票业务账户不得注销。

第九条　承兑人应当于承兑完成日次1个工作日内披露每张已签收的商业汇票承兑信息。商业汇票承兑信息披露应当至少包含以下内容：

（一）出票日期；

（二）承兑日期；

（三）票据号码；

（四）出票人名称；

（五）承兑人名称；

（六）承兑人统一社会信用代码；

（七）票面金额；

（八）票据到期日。

第十条　承兑人应当在每月前10日内，披露截至上月末的商业汇票承兑信用信息。商业汇票承兑信用信息披露应当至少包含以下内容：

（一）累计承兑发生额；

（二）承兑余额；

（三）累计逾期发生额；

（四）逾期余额。

第十一条　累计承兑发生额是指承兑人当年1月1日至上月末累计承兑的商业汇票总金额；承兑余额是指承兑人已承兑但未结清的商业汇票总金额。收款人未签收的商业汇票不计入承兑人的承兑发生额和承兑余额内。

累计逾期发生额是指承兑人近5年内发生过逾期的全部商业汇票总金额。持票人已发起提示付款，但承兑人在票据到期后拒绝付款或未在规定期限内应答的行为构成逾期；逾期余额是指承兑人已逾期但未结清的商业汇票总金额。

第十二条　承兑人同意付款，但账户余额不足导致扣款失败的按照拒绝付款处理。

第十三条　承兑人在票据到期后出现以下情况的，构成本细则所称"未在规定期限内应答"：

（一）未贴现电子银行承兑汇票持票人发起提示付款后，承兑人在提示付款日次1个工作日内未应答的；

（二）未贴现电子商业承兑汇票持票人发起提示付款后，承兑人在提示付款日次日起第4日（遇法定休假日、大额支付系统非营业日、电子商业汇票系统非营业日顺延）仍未应答的；

（三）已贴现电子商业汇票，发起提示付款后，承兑人在票据到期日当日未应答的。

第十四条　未贴现电子商业汇票持票人提前提示付款的，承兑人可以在票据到期日前拒绝付款，票面金额不计入承兑人逾期发生额。承兑人在票据到期日前未应答且持票人未撤回提示付款的，票据到期后，商业汇票信息披露系统按照持票人在到期日向承兑人发起提示付款来判断承兑人是否构成逾期。

第十五条　票据信息披露平台向已注册的承兑人每日推送其承兑且收款人已签收的电子商业汇票承兑信息、每月第1日后推送上月的电子商业汇票承兑信用信息。票据信息披露平台向承兑人推送的信息为承兑人在票据业务相关系统中记载的票据业务行为信息，承兑人可选择对票据信息披露平台推送的信息直接披露或自行填写信息后披露。

第十六条　票据信息披露平台向已注册的承兑人推送的承兑信息和承兑信用信息仅供承兑人进行信息披露时参考。票据信息披露平台不对承兑人基于推送信息进行的相关披露行为负责。

第十七条　票据信息披露平台实时对承兑人披露的承兑信息和承兑信用信息与票据业务相关系统中记载的票据业务行为信息进行比对，并根据比对结果在披露信息中备注以下信息：

（一）信息比对一致的，备注"披露信息与系统信息相符"；

（二）信息比对不一致的，备注"披露信息与系统信息不符"；

（三）票据信息披露平台未采集到相关承兑信息进行比对的，备注"披露信息暂未比对"。

第十八条　票据信息披露平台仅对承兑人注册后发生的承兑信息和承兑信用信息进行推送和比对。承兑人注册完成日前发生的承兑业务信息及逾期信息不纳入承兑信用信息统计。

第十九条　承兑人为上市公司或在债券市场有信息披露的，可将相关信用披露信息链接通过票据信息披露平台向公众披露。承兑人在债券市场发生违约的，可以通过票据信息披露平台披露相关信息。

第二十条　金融机构、持票企业或其他社会公众可通过企业名称、统一社会信用代码或票据号码对披露信息进行查询。查询人查询或使用票据信息披露平台上的信息，仅作为查询人从事票据或相关业务时参考。

查询人查询或使用票据信息披露平台上的信息不得侵犯票交所合法权益。

第二十一条　企业、金融机构发现伪假商业汇票或冒名承兑等异常情况的，应当及时向票交所反馈，具体流程按照《上海票据交易所处置伪假票据操作规程》相关规定操作执行。

第二十二条　承兑人出现以下情况的，票交所将在3个工作日内通过票据信息披露平台进行提示：

（一）开展商业汇票承兑业务，但未在票据信息披露平台进行注册；

（二）经开户机构报告电票业务账户被有权机关认定为伪假；

（三）连续3个月以上未披露承兑信用信息；

（四）6个月内出现3次以上付款逾期；

（五）其他监测中发现的异常披露情况。

第二十三条　票交所对商业汇票信息披露情况定期向中国人民银行报告。

第二十四条　财务公司承兑汇票的信息披露参照本细则操作。

第二十五条　本细则由票交所负责解释。

第二十六条　本细则自2021年8月1日起施行。

市场观点

商业承兑汇票信息披露相关制度的发布具有里程碑意义

肖小和[①]

《规范商业承兑汇票信息披露》（中国人民银行公告〔2020〕第19号）以及《商业承兑汇票信息披露操作细则》（上海票据交易所公告〔2020〕4号）的发布（以下分别简称《公告》《细则》），是继1995年《中华人民共和国票据法》出台、2009年电子商业汇票系统推出、2016年上海票据交易所（以下简称票交所）成立之后又一次具有里程碑意义的事件，对于加强商业承兑汇票信用体系建设、提高我国企业信用程度、建立完善市场化约束机制、更好地规范市场及参与主体行为、保障持票人合法权益、减少商业承兑票据纠纷及相关风险具有历史意义。随着商业承兑参与主体的广泛性，信息披露的充分性、真实性、准确性、完整性、适时性逐步提升，它将为中国商业承兑汇票发展奠定扎实基础。

一、商业承兑汇票的历史发展实践

企业开展商业汇票业务是一个融资过程，若被银行等金融机构承兑会成为银行承兑汇票，若被非金融机构承兑会成为商业承兑汇票。

1949—1978年是商票萌芽阶段。新中国成立初期至1954年，国家允许银行

---

① 作者简介：肖小和，江财九银票据研究院执行院长兼学术委员会主任。

信用和商业信用存在，中国人民银行上海分行曾运用商业汇票承兑与贴现，为恢复和发展国民经济服务。巧妙地运用票据承兑形式，调剂市场资金，扶助私营企业恢复和发展生产。1954—1978年，由于我国实行高度集中的计划经济管理方式，商品经济没有得到发展。全国实行信用集中，取消商业信用，银行结算以划拨为主，有零星的支票结算，汇票和本票作为商业信用和银行信用的载体在计划经济的大背景下无法发挥其支付结算和信用扩张的功能。早在1979年，中国人民银行就批准部分企业签发商业承兑汇票，我国首笔同城商业承兑汇票业务就是1981年在上海办理的。

20世纪90年代，票据作为商业信用的载体获得新生，其支付功能在一定程度上缓解了我国改革开放后经济发展中的"三角债"难题，票据这一支付工具的大力推广使用，成为90年代解决企业间"三角债"问题的主要工具。1990年，国务院清理"三角债"领导小组在《关于在全国范围内清理企业拖欠货款的实施方案》（国发〔1990〕19号）中明确提出结合商业票据使用办理清欠工作，付款期内没有能力又不符合发放"清欠专用贷款"条件的企业，可将所欠债务转为商业票据。1991年《关于继续组织清理"三角债"的意见》（国办发〔1991〕15号）则要求金融部门积极推广商业承兑汇票业务，把社会主义商品交易纳入票据化的轨道，这一阶段的特征是票据业务呈现自然发展状态，承兑业务发展较快，贴现业务相对较少，票据交易极为不活跃。

进入21世纪，在2006年，中国人民银行为解决国企、央企"三角债"问题曾推行过"商业票据"，这里的"商业票据"主要指商业承兑汇票，可以说是应收账款票据化理念的雏形，而非当时使用更广泛的银行承兑汇票。当时商业票据未电子化，加上短期融资券①也在相近时间推出，以及纸票真实性核查难、融资性票据泛滥、票据交易市场不完善等原因，商业承兑汇票进程不甚理想。

---

① 在我国短期融资券本质上，短期融资券属于融资性无担保商业本票，但未使用"票据"的名称。一是因为我国《票据法》采用真实票据理论，要求票据的签发、取得和转让具有真实交易关系和债权债务关系；二是因为法律限定本票出票人只能是银行，未给融资性商业本票留下空间。

二、商业承兑汇票当前的概况与新现状

2006年,中国人民银行发布《关于促进商业承兑汇票业务发展的指导意见》,要求各地人民银行分支机构积极组织商业银行制定推广使用商业承兑汇票的具体实施方案。2016年,中国人民银行发布《关于规范和促进电子商业汇票业务发展的通知》,要求中国人民银行各分支机构和各金融机构选择资信状况良好、产供销关系稳定的企业积极发展电子商业承兑汇票。随后票交所的成立使票据市场参与者种类更加丰富,加快了票据产品创新步伐,全面提升了票据市场交易活跃程度。2020年1月15日,票交所推出商业汇票信息披露平台,鼓励首批试点参与机构通过平台按日披露票据承兑信息、按月披露承兑信用信息。此举是票据市场走向公开透明的第一步。2020年9月18日,中国人民银行等八部门发布《关于规范发展供应链金融、支持供应链产业链稳定循环和优化升级的意见》(银发〔2020〕226号),明确"加快实施商业汇票信息披露制度",并提出建立商业承兑汇票与债券交叉信息披露机制。

得益于2020年各方积极推动商业承兑汇票发展,2020年初票交所上线了商业汇票的信息披露系统,建立了供应链票据平台,商票的开票量和贴现量增长较快,市场占比提升。根据票交所数据,2020年票据承兑、贴现和全年票据市场业务总量分别为22.1万亿元、13.41万亿元和148.24万亿元,同比分别增长8.41%、7.67%和12.77%,其中商票贴现1.03万亿元,同比增长9.85%。2020全年商票签发金额3.62万亿元,同比增长19.77%;商票签发金额占比16.39%,较上年提升1.55个百分点;商票签发平均面额为124.7万元,同比下降11.08%。

三、信息披露相关制度的发布对商业承兑汇票发展的意义

商业承兑汇票是企业资金支付与周转及融资的重要工具之一,对于企业是便利支付、便利背书流转、便利融资、便利应收账款票据化、便利供应链金融

上下游企业票据广泛使用、便利优化应收账款结构、便利效率提高和便利减少资金成本的重要金融工具。根据商业承兑汇票及部分财务公司承兑汇票存在因信用不足导致其流动性和融资便利性较低的问题，这次《公告》通过规范承兑人商业承兑汇票信息披露及建立承兑人信用约束机制以改善市场信用环境，将促进商业承兑汇票更好地发挥其功能作用。

《公告》共有10条，明确了商业承兑汇票披露主体和披露内容、明确了商业承兑汇票引导和激励政策、明确了商业承兑监测责任和风险提示、明确了商业承兑生效日期和适用范围。其中牵涉承兑人的要求为4条，对承兑人披露承兑信息及承兑信用信息有具体要求，明确了披露时间和具体内容，并引导承兑人可以在平台披露其他信用信息，特别提出应主动披露债券违约情况，为拓展企业信用信息披露范围提供了机会，为合理评估企业承兑能力和兑付意愿提供了基础。牵涉企业的要求为1条，即加强风险识别与防范，取得商业承兑汇票前，可在平台查询承兑信息，从而帮助企业有效防范假票风险，避免造成资金损失。牵涉金融机构的要求为2条，要求金融机构在办理贴现等业务时，应通过平台查询相关票据信息，并明确对于无披露记录或记载事项与披露信息不一致的票据，金融机构不得为其办理相关业务，对信息披露及时准确、信用良好的承兑人则鼓励金融机构优先为其办理票据业务，以引导和激励政策支持企业信用提升。牵涉票据市场基础设施的要求为2条，既要求票据市场基础设施服务好参与主体，又要求参与主体为票据市场基础设施反馈相关信息，这就要求票交所在前期搭建商业汇票信息披露平台的基础上进一步优化服务、加强监测，更好地保证商业承兑信息披露的及时高效；同时，要求票据基础设施制定操作细则，报中国人民银行备案并定期报告信息披露情况，充分发挥好中国人民银行的监督管理作用。《公告》最后一条，明确本《公告》自2021年8月1日起施行，财务公司承兑汇票参照执行。

《细则》共计26条，除了第一条、第二条制定《细则》的目的依据和票据信息披露平台认可依据和权威，以及第二十三条至第二十六条的票交所向中国人民银行定期报告、财务公司参照《细则》操作，及《细则》解释权和自2021年8月1日起施行外，涉及承兑人的要求有13条，主要是对承兑人的职责、工作流程、要求和具体出现的情况作了更为详细的明确。涉及承兑业务的概念1条，明确了概念和口径。涉及票据信息披露平台4条，对职责、流程和口径有了明确的界限。对金融机构、持票企业和其他社会公众使用平台信息的职责划分和企业金融机构发现伪假商业承兑汇票或冒名承兑异常处理情况的有2条。商业承兑汇票信息披露操作细则与中国人民银行公告〔2020〕第19号一脉相承，实现了《细则》与《公告》、流程与制度的有机衔接，保证了《细则》与《公告》的高度一致性，《细则》具有很强的指导性、可行性和操作性。《细则》的出台，特别是与《公告》的配套推出后，无疑对进一步发展商业承兑汇票提供了基础和有力支持，对于疫情后经济发展，特别是"十四五"时期及未来我国商业信用体系的进一步建设，对于改善和提升企业信用环境，发挥商业承兑汇票这一具有支付、融资及降低企业成本功能的信用工具作用意义深远。对于推动通过商业承兑汇票在一定程度上解决了企业尤其是中小微企业融资难融资贵，以及加快了供应链票据和标准化票据的发展，服务双循环新格局的构建都具有积极作用。

商业承兑汇票应该说是票据市场未来发展的重要工具，对于大型企业，尤其是对于中小微及民营企业来讲，在融资难融资贵的现实情况下，通过商业承兑汇票解决支付、背书转让、融资问题不能不说是有效途径之一；同时，对于提高直接融资比例、发展直接融资市场也是重要突破口之一。因此，从商业承兑汇票开始披露信息，逐步使与商业承兑汇票所有关联的信息规范化、标准化，将使票据业务更好、更有效地服务经济高质量发展，为构建"双循环"新格局作出应有的贡献！票据因信用而存在，因支付而产生，因融资而发展，因创新而繁荣，因服务实体经济而空间广阔，因服务中小微企业而显示其无限生命力。期待商业承兑汇票信息披露制度的推出和执行，进一步推动中国票据市场的稳健、可持续发展！

完善信息披露制度 构建商业信用体系 建设成熟票据市场

陆跃 王晓明[①]

为加强商业承兑汇票信用体系建设、完善市场化约束机制、保障持票人合法权益，中国人民银行于2020年12月23日发布《规范商业承兑汇票信息披露》，上海票据交易所于2020年12月30日配套发布《商业承兑汇票信息披露操作细则》，标志着以信息披露为核心的商业承兑汇票市场信用体系建设正式启动。建立和完善商票信息披露制度，是发展商业承兑汇票市场，推动票据市场结构性优化，构建更加完整、成熟的票据市场基础制度体系的重要内容。

一、商业承兑汇票发展的现状和问题

（一）商票发展缓慢，企业用票习惯有待培养

2021年春节前夕，江苏某电工器材有限公司正在为采购铜杆等原材料的货款支付发愁。以往该企业的货款结算以现金结算为主，但受疫情影响，2020年以来其下游企业回款速度明显放缓，间接导致了该企业现金流偏紧。过去，企业曾尝试签发商业承兑汇票用于支付货款，但上游供应商担心商票市场透明度

[①] 作者简介：陆跃，江苏银行金融同业部票据中心总经理；王晓明，现就职于江苏银行金融同业部票据中心。

不高、流通性不强，一直不愿意接受商票结算。现金流吃紧的情况让该企业再次想到使用商票支付货款，但上游供应商对接受商票的顾虑仍然存在，只愿意接受现金或银票结算。此时，江苏银行无锡分行的客户经理了解到该企业的需求，立即向其介绍了商业承兑汇票信息披露机制的有关内容。随后，该行协助该企业在上海票据交易所商票信息披露平台完成了注册和披露工作。银企共同推介打消了上游供应商对于接受商票的顾虑。最终，该企业签发了3个月期限商票，作为采购原材料的货款成功支付给上游供应商，解决了燃眉之急。

上述案例中企业的情况是当前商票市场的一个缩影，在现实经济活动中广泛存在。商业信用在社会生产链条中，通过企业与企业间的供应链进行传导，商业承兑汇票本质上是商业信用流通和信用传递的媒介，商业信用基础薄弱是限制商业承兑汇票信用传导媒介作用的主要症结，但在企业票据结算和融资方面的需求依然旺盛，且在一定程度上，在银行信用几乎等同于国有信用的社会认知下，企业优先使用银行承兑汇票成为必然选择，票据市场自然发展成为当下过度依赖银行信用、以银行承兑汇票为主导的市场格局。

（二）银商比例失调，票据市场呈现结构性失衡

2020年我国商业汇票累计承兑发生额22.09万亿元、贴现发生额13.41万亿元。其中，商业承兑汇票占比分别为16.39%和7.68%；商业承兑汇票的贴现承兑比为28.45%，银行承兑汇票贴现承兑比为67.03%。

与国外票据市场相比，银行承兑汇票和商业承兑汇票比例失调是当前我国票据市场的典型特征，商业承兑汇票发展滞后是我国票据市场发展中的突出短板，票据市场呈现以银行信用为主、商业信用为辅的结构性失衡。

（三）顶层设计缺位，基础制度体系不够完善

长期以来，商业承兑汇票市场存在信息不对称、信用不透明等不足，严重

影响了商业承兑汇票流动性和融资可获得性，究其原因，还在于我国社会整体商业信用体系不健全，商票市场信用信息披露、数据统计、违约处置等顶层设计缺失。商业承兑汇票由企业自行签发承兑，签发使用门槛低，承兑主体良莠不齐，商业承兑汇票基础制度体系对企业商票的签发、承兑、违约缺乏有效监督和规范。商业承兑汇票作为企业基于自身信用签发的债权凭证，与股票、债券等相比其优势就在于便利性和普惠性，可以下沉到中小企业，以便利的方式服务企业账期融资和支付结算，可以传导信用价值，以普惠性的融资效率满足中小企业融资需求。正是由于商业承兑汇票由企业自行签发承兑，签发使用门槛低，承兑主体良莠不齐，更需要商业承兑汇票基础制度体系对企业商票的签发、承兑、违约开展有效监督和规范，但基础制度体系建设的迟滞使企业商业信用的获取和流通渠道不畅，在信用基础不牢固、信用体系不健全、违约惩戒机制有缺失的环境下，商票市场发展滞后是必然结果。

二、商票信息披露和商业信用体系构建的意义

加快推进以商票信息披露为核心的商票市场信用体系建设，是培育商业承兑汇票市场快速发展，充分发挥票据市场服务实体经济、支持中小微企业和供应链发展、畅通货币政策传导功能的重要内容，是建设现代化、国际化的成熟票据市场的必然要求。

（一）建立和完善商票信息披露制度是全面推进商票市场发展的核心内容

推进商票业务发展是优化票据市场结构、深化票据市场改革、全面提升票据市场发展质量的关键环节，建立和完善商票信息披露制度是推进商票信用体系建设、推进商票市场全面发展的核心内容，意义重大。一直以来，企业商票的承兑发生额、承兑余额、累计逾期发生额、逾期余额等核心数据从未由官方平台对外公布，这就使市场参与主体对核心企业的票据信息了解有限，对核心

企业票据真实情况、核心企业信用现实状况缺乏客观、准确的认知，一方面限制了市场参与主体对商票的接受程度，另一方面也阻碍了核心企业签发承兑商票的主观动力。实施商票信息披露制度，承兑人充分披露持票人、贴现行或投资人等市场参与主体作出价值判断和决策所必需的信息，确保信息披露真实、准确、完整、及时、公平，为市场参与主体作出价值判断提供依据，真正把企业商票信用信息暴露在阳光下，当市场形成了规范透明的环境，承兑人的签发意愿和持票人的接受意愿将得到提高，形成商业信用助推商票市场发展、商票市场发展提升商业信用体系的良性循环。

（二）建立和完善商票信息披露制度是提高商票市场发展质量的关键一环

商票承兑企业是商票市场发展的基石，商票承兑企业的质量决定了商票市场发展质量。商业承兑汇票之于企业具有广泛性和普惠性，其服务对象几乎涵盖大中小微各类企业。在信息不透明的市场环境中，商票风险事件频发，商票违约成本极低，商票市场的发展质量因此受限。完善商票信息披露制度，一方面以提升透明度为目标，优化信息披露规则体系，能够督促承兑企业真实、准确、完整、及时、公平地披露信息，有利于强化企业的公司治理能力、信用履约能力，提升其规范经营、诚信经营水平；另一方面将进一步明确和规范签发承兑规则，促进承兑企业商票质量和财务信息质量的提升。

三、商票信息披露机制的未来图景

（一）积累商票信用数据，构建中小企业信用数据库

商业承兑汇票承兑企业大中小等不同类型皆有，参与股票市场或债券市场融资的大型企业往往已经通过资本市场的渠道向市场进行了企业信息披露，其信息披露已经较为成熟，信用信息的积累也较为充分，投资人通过公开市场的披露信息可以全面、完整地了解大型企业基本情况。票据市场与资本市场不同之处就在于其广泛性和普惠性，参与主体涵盖了无法达到资本市场融资门槛的广大中小企业，而长期以来中小企业信用信息数据的缺失，导致市场无法全面、完整地了解和评价中小企业信用状况，正是其融资难融资贵的主要症结之一。作为与中小企业联结最为密切的金融工具之一，商票在一定程度上可以视为反映中小企业生产经营和财务管理情况的晴雨表，通过大力推广商票和商票信息披露机制，可以沉淀和积累中小企业商票信用数据，在将来条件成熟的情况下可以成为判断企业信用价值的重要信息，类似企业股权信息、经营情况、财务数据等。商票信息披露平台将是以商票信用数据为核心的中小企业信用数据库，可以弥补当前中小企业信用体系建设缺失的不足。

（二）跨市场信息交叉共享，搭建完整的商业信用体系

中国人民银行《规范商业承兑汇票信息披露》明确指出"承兑人可以通过票据信息披露平台披露其他信用信息。承兑人在债券市场发生违约的，可以通过票据信息披露平台披露债券违约情况"。可以看出，商票信息披露已经设计了跨市场信息共享和交叉披露的机制，可以预见商票信息披露平台的信息共享和交叉披露机制会进一步拓展延伸，既可以实现与银行间债券市场进行披露信息共享交互，也能够与资本市场建立信息共享交叉验证机制，打通不同市场间信息披露相互独立的藩篱，彼此间既是信息提供者，又是信息接收者，形成不同市场间交叉信息披露、交叉验证约束的长效机制，共同搭建横跨票据市场、债券市场和资本市场的完整商业信用体系。

（三）配套违约处置机制，实现市场化加制度化双重约束

在社会信用体系不完善的当下，商票持票人的合法权益得不到有效保障，承兑人违约成本极低。其主要原因在于，一方面目前《票据法》等有关法律法规对商票违约处置处罚力度偏弱、手段偏少，另一方面商票信息不透明、不对称等现象导致违约信息得不到公开披露。商票信息披露机制一方面通过公开平

台披露承兑违约失信行为，可以有效改善以前信息不透明、不对称的情况，将信用信息暴露在阳光下，让市场说话，用价格投票，有利于推动形成市场性约束和惩戒，提高企业违约成本，使违约企业在市场交易中受到约束；另一方面引入完善的制度化违约惩戒机制，明确具体的制度化处罚措施，如中国人民银行《规范商业承兑汇票信息披露》中已经明确"承兑人披露信息存在延迟、虚假或者承兑的票据持续逾期的，金融机构应当审慎为承兑人办理银行承兑业务，审慎为承兑人承兑的票据办理贴现、质押、保证等业务"。或未来进一步通过行政手段对屡次超期限兑付、超限额承兑的企业采取行政措施限制或取消其承兑资格，将其纳入失信黑名单等，通过制度层面的约束确保商业承兑汇票的公信力。

聚力推行商票信息披露机制
助力推进票据市场健康发展

邹 江 狄 繁[①]

2020年12月，中国人民银行发布了《商业承兑汇票信息披露公告》（以下简称《公告》），上海票据交易所随后发布了与之配套的《商业承兑汇票信息披露操作细则》（以下简称《细则》），旨在规范商业承兑汇票信息披露工作，健全商业承兑汇票信用体系建设，完善市场化约束机制。商业承兑汇票信息披露机制的落地推行，标志着国内商业承兑汇票基础设施向日益完善的机制体制建设迈出了新的坚实脚步，也势必将对提高商业承兑汇票（商票）和财务公司承兑的商业汇票（财票）的信息透明度、市场接受度、背书流通性以及提升票据市场整体的前瞻性风险防控水平，产生积极而深远的影响。

一、建立商票信息披露机制具有十分重要的现实意义

作为企业间便捷的支付结算工具和企业融资的重要渠道，商业汇票尤其是商业承兑汇票、财务公司承兑票据承兑信息的公示披露以及信用风险的揭示防范，对票据市场持续、健康发展的意义显而易见。

[①] 作者简介：邹江，现任中国工商银行票据营业部风险管理部总经理；狄繁，现供职于中国工商银行票据营业部风险管理部。

1. 必要性。近年来，上海票据交易所以系统建设和制度建设为依托，统一平台、统一规则、统一标准，构建了环节完整、流程顺畅、权责明晰的风险管理体系和多维度、全方位、可追溯的风险监控防线，全面提升了票据市场规范化、市场化、专业化水平，票据市场基础设施不断完善。在此背景下，商票信息披露机制的建立应运而生，对于提高票据市场信用信息公信力和整体透明度、完善市场约束机制和维护票据兑付秩序具有深远意义。

2. 时效性。当前，国内经济金融领域的结构调整出现积极变化，但短期内经济仍存在一定下行压力，兼受新冠肺炎疫情防控常态化影响，内外部不确定不稳定因素增多，未来一段时期票据及相关市场的信用风险防控形势仍然严峻。在此环境下，商票信息披露机制的建立正当其时，对于加强前瞻性的信用风险识别与判断、整体提升票据市场风险防控水平、积极防范和化解金融领域系统性风险具有重大意义。

3. 针对性。随着票据市场参与主体越发多元、票据产品业务模式推陈出新，可能带来线上线下、存量增量、企业同业等各类风险相互交织叠加，风险表现更为隐蔽，风险识别更加困难，风险传染和扩散更加快速。在此模式下，商票信息披露机制的建立精准对路，对于精确对焦承兑人信用风险以及有效控制风险的交叉、传递和转移，具有实际意义。

二、商票信息披露机制的建立对票据市场发展有着积极的影响和作用

作为票据市场的见证者和亲历者，我们认为，中国人民银行和上海票据交易所建立商业承兑汇票信息披露机制的积极影响和作用主要体现在以下三方面。

（一）商票信息披露机制的建立，有利于完善票据市场商业信用体系，弥补商业信用信息披露的缺失

长期以来，商业承兑汇票市场因缺乏统一、具有社会公信力的信息披露平

台，面临承兑人信用度难以自证和市场透明度较低的局面。加之近年来，部分商业承兑汇票和财务公司承兑票据到期无法兑付的情况时有发生，给一些持票企业、商业银行造成了直接损失，以及争议和诉累，不仅大大影响了商票、财票的流动性，形成了市场负面评价，也在一定程度上推高了商票、财票的贴现利率，从而增加了企业的融资成本，影响了企业运用商票、财票支付结算的积极性和主动性。

在此形势下，中国人民银行和上海票交所搭建的信息披露平台得到了广大用票企业和商业银行的热烈欢迎和积极响应。根据《公告》和《细则》要求，企业、财务公司作为承兑人，应当通过统一的票据信息披露平台披露票据承兑信息与承兑信用信息，且财务公司承兑汇票的信息披露也参照执行。这一机制的出台，可谓票据市场尤其是商票市场顶层设计的重要举措，从制度层面规范了企业和财务公司的信息披露行为，明确了逾期兑付的公示惩戒后果，一方面能鼓励承兑人积累、珍视自身信用，树立良好的信誉口碑，通过正面示范和负面预警引导发挥市场自律作用，有效促进商业信用的良性发展；另一方面能通过逐步建立和完善承兑人信用约束机制，改善商票市场信用环境，打造良好的票据市场生态。

（二）商票信息披露机制的建立，有利于促进票据市场均衡有序发展，为商票、财票应用流转创造良好条件

商业承兑汇票在降低企业融资门槛、破解企业融资难方面具有天然优势，但由于信用信息不对称、承兑人资质参差不齐、商票市场鱼龙混杂，导致其业务体量、占比、市场认可度一直不高，商票业务发展也相对滞后。从市场公开数据来看，2020年，我国商票签发金额3.62万亿元，同比增长19.77%，商票签发金额占比16.39%，较上年提升1.55个百分点；商票贴现金额1.03万亿元，同比增长9.85%，商票贴现金额占比7.68%，较上年提升0.14个百分点。近年来商

票承兑、贴现的余额、发生额及其占比虽有所上升，但相较于银票庞大的规模体量，仍然相去甚远。

对于连接着实体经济和金融市场的票据市场而言，商业承兑汇票理应在促进提升企业直接融资效率、服务实现实体经济高质量发展的进程中发挥更加积极的作用，而优质企业商业信用的良性积累与价值应用也应具有更广阔的成长空间。我们相信并期待，商业承兑汇票信息披露机制能帮助有效建立和增强企业信用，大大提高优质企业签发商票的可接受度，伴随票据市场电子化、信用信息透明度的进一步提高，促进商业承兑汇票和财务公司承兑票据的流通，合理体现差异化的信用溢价，带动提升企业签发、接收商票、财票的意愿和市场活跃度，最终推动商票、财票市场的健康、有序发展。

（三）商票信息披露机制的建立，有利于助推票据创新产品蓬勃增长，为标准化票据、供应链票据的规范发展铺路搭桥

2020年6月，中国人民银行在《标准化票据管理办法》中规定了信息披露相关规则，上海票据交易所会同相关单位随后专门发布《标准化票据信息披露规则》，细化规范标准化票据信息披露行为，保护投资者合法权益。此外，2020年9月，中国人民银行等八部门在《关于规范发展供应链金融 支持供应链产业链稳定循环和优化升级的意见》中也提出，要加快实施商业汇票信息披露制度，强化市场化约束机制，建立商业承兑汇票与债券交叉信息披露机制，加强信用风险防控。这不仅彰显了中国人民银行对于建立信息披露机制、完善信用约束机制的决心，也揭示了传统商票、财票与标票、供票共生共建的信息披露机制是相辅相成、彼此作用的。

随着我国经济发展进入"十四五"时期，票据市场也将面临新的政策环境和市场机遇。特别是在供应链金融优势凸显、政策利好的情况下，契合了供应链产业链上下游企业便捷、快速的支付结算和融资需求的票据产品，将激发出新的活力；而对标债券打造的标准化票据也为已贴现、未贴现的商票、财票打开了新的运作空间。因此，商业汇票信息披露制度的适时推行，对于后续可能广泛作为标准化票据底层资产和供应链票据标的资产的商票、财票而言，保持其前后端信息披露政策要求的连贯性和一致性，可以在实现信用增信的同时，为标准化票据、供应链票据的长远发展奠定扎实的基础。

商票信披机制建立
票据市场重构之路已然开启

胡 晓[①]

我国商业承兑汇票市场呈现阶梯式发展。2015年前我国商票市场属于"信用捆绑的启动阶段",目前正处于"信用分离的调整转换阶段"。受制于顶层制度设计与监管、市场信用环境等内外部因素,商业承兑汇票市场依靠市场力量自发完成过渡至"商业信用的自主发展阶段"已经遭遇瓶颈。在此换挡爬坡的关键时期,需要"大棋局"式思维,充分发挥市场这只"看不见的手"的作用,外部推动与内生发展相结合,协同推进票据市场迈上"商业信用自主发展"新阶段,借鉴电子商业汇票(电票)推广经验、实现商业承兑汇票(商票)信息义务披露是其中的重要一环。从短期来看,商票信披机制的建立有助于解决当前商票信息不对称、交易对手鉴别商票的真伪、有效性成本高的"痛点";从长期来看,商票信披机制的建立和完善,有助于解决商票如何风险定价的"难点"。商业汇票信息披露连同供应链票据、标准化票据,共同组成票据市场重构的"三部曲",未来商业信用将加速脱离银行信用,商票将开始替代银行承兑汇票(银票)。

长期以来,我国票据市场呈现银票独大的局面,商业承兑汇票占比较低。上海票据交易所(以下简称票交所)成立以来,随着票据信用主体机制的引

[①] 作者简介:胡晓,金融学博士,大连银行票据管理中心主任。

入,统一场内交易市场的建立,国有行、股份行等直贴的商票与其承兑的银票之间的价差日益收窄,客观上有利于提升商业承兑汇票的流通。根据票交所数据,2020年市场商票签发金额3.62万亿元,同比增长19.77%;商票签发金额占比16.39%,较2019年提升1.55个百分点;商票签发平均面额为124.7万元,同比下降11.08%。商票市场呈现以签发量上升、票面平均金额下降为特点的"粒子化"发展趋势,显示随着票据市场基础设施的不断优化,商票支付、融资日益便捷,商票市场的重心正不断下沉,为更多的市场主体所接受,但是商票占比绝对值仍不到20%的现象背后也反映出长期制约商票发展的瓶颈,即商票信用信息的缺乏,市场难以准确识别风险和定价。此外,近年来也时有央企子公司公告宣称市面上某些看似其承兑的票面实则并非其签发,由于票据期限可长至1年,若此类假央企商票到期才发现,将导致较大的信用风险且维权困难。因此,商票信息披露广度与深度以及相应的市场惩戒机制的建立与完善,直接影响商票的信用定价与流通效率,票据市场基础设施建设亟待补齐信披短板。

一、商票信披机制框架建立

2020年1月,票交所上线票据信息披露平台,从票据承兑信息和承兑信用信息两大维度向市场相关方提供信用信息。尽管由于需遵从"自愿参与、自主披露"原则,信披方与持票方的不一致将导致信披方动力不足,信披供应远不能满足市场需求,但票据信息披露平台的推出仍具有重要的里程碑意义。

2020年12月23日,为加强商业承兑汇票信用体系建设、完善市场化约束机制、保障持票人合法权益,中国人民银行在充分征求市场意见后正式发布《规范商业承兑汇票信息披露》,其核心点在于商票信披约束机制被正式确认,自2021年8月1日起施行:

1. 金融机构办理商业承兑汇票的贴现、质押、保证等业务前,应当通过票据信息披露平台查询票据承兑信息,票据承兑信息不存在或者票面记载事项与承兑人披露的信息不一致的，金融机构不得办理票据贴现、质押、保证等业务。承兑人披露信息存在延迟、虚假或者承兑的票据持续逾期的，金融机构应当审慎为承兑人办理银行承兑业务，审慎为承兑人承兑的票据办理贴现、质押、保证等业务。

2.承兑人对披露信息的真实性、准确性、及时性和完整性负责。

3.商业承兑汇票执行，财务公司承兑汇票参照执行。由于财务公司承兑电票为电子银行承兑汇票，部分财务公司存在变相突破担保比例，借用票据加杠杆、短债长投的问题，财务公司承兑汇票比照商票纳入信披管理要求有助于提示市场风险识别力和约束力。

结合中国人民银行等八部门在《关于规范发展供应链金融、支持供应链产业链稳定循环和优化升级的意见》（银发〔2020〕226号）中明确的要"加快实施商业汇票信息披露制度"：

1.建立商业承兑汇票与债券交叉信息披露机制，核心企业在债券发行和商业承兑汇票信息披露中，应同时披露债券违约信息和商业承兑汇票逾期信息，加强信用风险防控。

2.对于公示的供应链大型企业，逾期尚未支付中小微企业款项且双方无分歧的，债券管理部门应限制其新增债券融资，各金融机构应客观评估其风险，审慎提供新增融资。

因此，连通票据市场和债券市场的交叉信息披露与约束框架已然成型，违者无论是间接融资（银行等金融机构）还是直接融资（债券市场）都将付出应有的代价。

二、商票信披机制实施细节

2020年12月30日，票交所发布配套的商业承兑汇票信息披露操作细则，明确商票信披机制的诸多细节：

（一）信披官方平台

票交所建设运营的票据信息披露平台（http://disclosure.shcpe.com.cn）是中国人民银行认可的票据信息披露平台。

（二）信披责任主体

承兑人应当将其承兑票据的承兑信息、承兑信用信息等通过票据信息披露平台向社会公开披露，对其披露信息的真实性、准确性、及时性和完整性负责。

（三）信披维度

1. 票据承兑信息维度。承兑人于承兑完成日次1个工作日内披露每张已签收的商业汇票承兑信息：

（1）出票日期。

（2）承兑日期。

（3）票据号码。

（4）出票人名称。

（5）承兑人名称。

（6）承兑人统一社会信用代码。

（7）票面金额。

（8）票据到期日。

2. 承兑信用信息维度。承兑人应当在每月前10日内，披露截至上月末的商业汇票承兑信用信息：

（1）累计承兑发生额：指承兑人当年1月1日至上月末累计承兑的商业汇票总金额。

（2）承兑余额：指承兑人已承兑但未结清的商业汇票总金额；收款人未签收的商业汇票不计入承兑人的承兑发生额和承兑余额内。

（3）累计逾期发生额：指承兑人近5年内发生过逾期的全部商业汇票总金

额；持票人已发起提示付款，但承兑人在票据到期后拒绝付款或未在规定期限内应答的行为构成逾期。

（4）逾期余额：指承兑人已逾期但未结清的商业汇票总金额。

承兑人在票据到期后出现以下情况的，构成上文所称"未在规定期限内应答"。

（5）未贴现电子银行承兑汇票持票人发起提示付款后，承兑人在提示付款日次1个工作日内未应答的。

（6）未贴现电子商业承兑汇票持票人发起提示付款后，承兑人在提示付款日次日起第4日（遇法定休假日、大额支付系统非营业日、电子商业汇票系统非营业日顺延）仍未应答的。

（7）已贴现电子商业汇票，发起提示付款后，承兑人在票据到期日当日未应答的。

（四）信披平台账户与电票业务账户绑定

承兑人进行电子商业汇票信息披露前，应当先在票据信息披露平台注册商业汇票信息披露账户。该账户须绑定已开通电子商业汇票业务功能的商业银行账户、财务公司账户或在供应链票据平台登记的企业账户，即电票业务账户；承兑人若有多个电票业务账户办理票据业务的，应当在票据信息披露平台绑定全部电票业务账户。

承兑人商业汇票信息披露账户中的电票业务账户有累计承兑发生额、承兑余额、累计逾期发生额或逾期余额的，商业汇票信息披露账户或电票业务账户不得注销。

（五）信息披露比对

票据信息披露平台向已注册的承兑人每日推送其承兑且收款人已签收的电子商业汇票承兑信息、每月第1日后推送上月末的电子商业汇票承兑信用信息。

承兑人可选择对票据信息披露平台推送的信息直接披露或自行填写信息后披露。

票据信息披露平台对承兑人披露的信息与票交所相关系统中记载的信息进行比对（由于披露账户须绑定全部电票业务账户）。信息比对一致的，相关披露信息的备注栏中将注明"披露信息与系统信息相符"；信息比对不一致的，将备注"披露信息与系统信息不符"；票据信息披露平台未采集到相关数据信息进行比对的，将备注"披露信息暂未比对"。

票据信息披露平台仅对承兑人注册后发生的承兑信息和承兑信用信息进行推送和比对。承兑人注册完成日前发生的承兑业务信息及逾期信息不纳入承兑信用信息统计。

（六）票据与债券市场信息共享

承兑人为上市公司或在债券市场有信息披露的，可将相关信用披露信息链接通过票据信息披露平台向公众披露。承兑人在债券市场发生违约的，可以通过票据信息披露平台披露相关信息。

（七）信披的受众

金融机构、持票企业或其他社会公众可通过企业名称、统一社会信用代码或票据号码对披露信息进行查询，但信息仅作为查询人从事票据或相关业务时参考。

（八）信披异常披露

承兑人出现以下情况的，票交所将在3个工作日内通过票据信息披露平台向市场进行公开提示：

1. 开展商业汇票承兑业务，但未在票据信息披露平台进行注册。

2. 经开户机构报告电票业务账户被有权机关认定为伪假。

3. 连续3个月以上未披露承兑信用信息。

4. 6个月内出现3次以上付款逾期。

5. 其他监测中发现的异常披露情况。

三、商票信披机制影响

商票市场能否稳健增长取决于整个业务链条能否良性运行。如果商票的流动性和融资成本能够依托信披平台明显下降，企业才愿意开立更多的商票进行支付和融资，否则商票规模瓶颈仍然存在。那么信披平台能否降低企业商票融资成本呢？

对于遵纪守法、合规经营的企业而言，肯定是能降低的。目前的商票市场有两个缺陷导致融资成本高企，一是缺乏信用信息的有效披露，只有公开信息较多的大型企业才值得信赖，在大量的中小企业层面，反而出现"劣币驱逐良币"的效应，导致经营稳健的中小企业很难被市场区分出来，从而融资成本较高，降低中小企业签发商票的动力，转而去银行开立银票，多承担承兑等环节的成本。二是电票系统曾出现过承兑人名称误填和电票账户违规开立的风险事件，导致交易对手鉴别商票真伪成本较高，也增加商票的流通和融资成本。

此次推出的商票信息披露机制的约束性和交叉性，充分展现监管层从机制上调整的勇气，也凸显监管与市场双峰监督、惩戒威慑、严格商票结算纪律、实现商票独立商业信用发展的政策导向。一方面，通过充分发挥市场奖惩机制，无疑将极大增强支付纪律约束力度；另一方面，通过主体和票据两个维度信用信息建立信披机制，还可以极大化解前述困扰市场的信用主体识别风险等问题。例如，日本建立商业票据拒付处分制度，支付人因资金不足而无法在期限内结算时，该票据将作为"拒付票据"被通报到所有金融机构，若半年内出现2次拒付，该支付人与所有金融机构的交易（包括发行票据及活期存款交易等）都将被停止，且被要求即刻返还从所有金融机构获得的融资期限内的全部利益，以此有效强化企业票据信用意识。因此，商票信披机制的建立正好解决前述两大痛点，从而有助于让优秀的企业降低商票融资成本，进而推动商票市场的发展，更好地支持实体经济。

四、票据市场重构之路已然开启

商票信披机制与标准化票据、供应链票据"三部曲"的全部面世，意味着票据市场重构之路已然开启，商业信用将加速脱离银行信用，实现更为独立的发展。

（一）票据市场发展的内生逻辑使然

从美国、日本等国市场发展经验来看，银行承兑汇票先后衰落直至基本消失，建立在商业信用基础上的企业短期融资工具对银行承兑汇票具有一定的替代效应，商业票据兴起并占据主导地位，这与我国当前银票独大的格局迥异。那么未来银票独大将继续延续，还是会殊途同归，银票终被商票所替代？后者应是大概率事件。因为，商业信用与银行信用相捆绑——信用分离调整转换——商业信用的自主发展的阶梯式发展路径是票据市场发展的主线。

过去5年，我们看到了电票对纸票的替代，未来5年，可以预见，商票将逐步替代银票。当然，市场也有观点认为"商票替代银票"很难，原因可能是"路径依赖"，但就像2015年之前市场不认为电票能替代纸票一样，事情正在发生变化。除前述逻辑之外，我们还可以从"行为"角度进行分析。

首先，核心企业的行为将发生重大变化。从《保障中小企业款项支付条例》到《关于规范发展供应链金融、支持供应链产业链稳定循环和优化升级的意见》，再到《规范商业承兑汇票信息披露》，监管层反复强调市场公平、产业良性循环，核心企业行为动力将发生改变，即从之前高度关注应收管理（如"两金压降"）到"应收""应付"并重，从而对现金流管理等产生新的连锁反应。商票作为非现金支付结算工具，既延缓承兑人现金流出，又天然确权，有利于收票人融资或继续背书转让，"应收账款票据化"的空间巨大。

其次，商票信披平台的推出有助于让优秀的企业被有效识别和定价，从而带动更多的主体进行"模仿"以得到正向激励，提高商票流动性，降低商票融资成本，进而带动和推动商票市场的进一步发展。

当然，这一过程不会是线性的。在商票信披及违约惩戒机制作用下，可以预计市场主体对于商票的"承兑"将更为慎重，承兑既然要承担到期按时付款的责任，那么集团是否会重新考虑子公司商票管理授权、是否会将商票承兑纳入更为严格的负债管理框架？此外，一些企业再试图通过商票滚动负债、借短投长等也会难上加难，这些"水分"将被挤出。短期内商票市场总量可能下降，但是随着商票市场基础设施的完善与市场培育，或出现V形反转。

（二）监管层重构票据市场的目标导向驱动

面对商业承兑汇票市场依靠市场力量自发过渡至"商业信用的自主发展阶段"已遭遇瓶颈的情况，2020年监管层相继推出的供应链票据、标准化票据和商票强约束信披"三部曲"，意味着票据市场重构已拉开帷幕（见图1）。

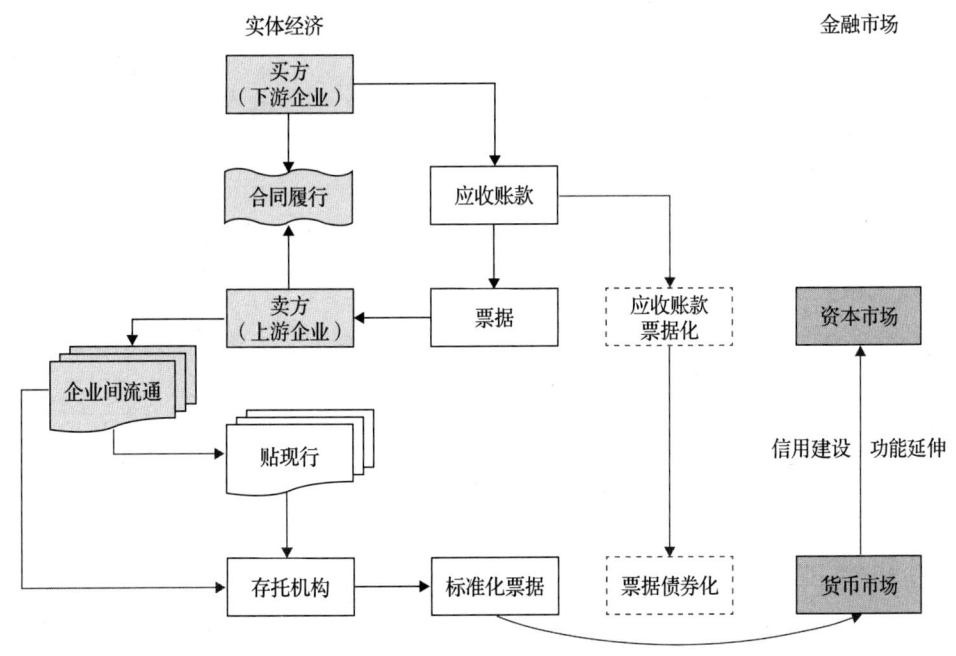

图1 票据市场重构"三部曲"

1. 目标：应实质性打通票据市场与债券市场，实现以直接融资替代部分间接融资，降低实体经济融资成本。

2. 工具组合："供应链票据+标准化票据"。前端供应链票据以真实交易关系、票据关系的连带性和不可切断性降低后端标准化票据的融资信用风险，并可为广大中小企业实现票据融资信用增级；后端标准化票据打通债券市场，以多元化的资金融通进一步推动前端优质底层资产的创造和流转。

3. 市场基础制度保障："强制信披+跨市场交叉约束"。强化市场惩戒力度，加强相关责任主体付款约束，培育市场对商票信用风险的识别、定价。

综上所述，正如古语"橘生淮南则为橘，生于淮北则为枳，叶徒相似，其实味不同"，由于票据立法原则等顶层制度设计的不同，我国目前这数十万亿元规模体量的票据市场并无太多国外发展范式与样本可以参照，我国发展商业票据市场也不适合直接走国外的模式，我们的票据以及票据市场的进一步发展演化只能走自己的路，"供应链票据+标准化票据+商票信息披露"将为票据市场的重构和发展提供新的路径，注入新的活力，协同推进票据市场迈入"商业信用自主发展"的新阶段。

参考文献

[1] 宋汉光.中国票据市场历史回顾与未来发展的六点设想[R]."陆家嘴资本夜话"系列讲坛第24期主题报告，2018.

[2] 逯剑，张虎.票交所时代完善票据业务监管的若干建议[J].中国银行业，2017(6)：42-45.

[3] 上海票据交易所.2020年票据市场发展回顾[R/OL].2021-01-19(2021-04-04) http://www.shcpe.com.cn/content/shcpe/research.html?articleType=research&articleId=WZ20210119135144834311999O784.

顺应商业信用发展需要推进商票信息披露

谢康康　黄家驹[①]

2021年是"十四五"规划开局之年，党的十九届五中全会强调要畅通国内大循环，促进国内国际双循环，提升产业链供应链现代化水平。票据作为一种根植于贸易活动的传统金融工具，广泛应用于产业链供应链金融中，在新发展格局下迎来广阔的发展空间。然而，商业汇票市场内部发展结构失衡，银行承兑汇票处于垄断地位，而商业承兑汇票（商票）发展滞后，其信用、融资功能未得到充分发挥，其背后的原因是我国信用体系建设滞后，商票信息披露机制不完善。近年来，中国人民银行及上海票据交易所（以下简称票交所）着力推动规范商业承兑汇票信息披露，在制度源头上进行规范，建设票据信息披露平台，正式开启了商票信息披露工作的新征程。

一、商票信息披露机制推出背景分析

从国外票据市场发展进程来看，商业汇票在国外商业信用不断发展、立法制度及顶层设计完善的过程中，均被便利的直接融资工具如商业票据所替

[①] 作者简介：谢康康，现就职于中国邮政储蓄银行湖南省分行，高级经理；黄家驹，现就职于四川银行总行金融市场部，产品经理。

代。目前发达国家银行承兑汇票业务占整个业务规模很小,如英国、美国和日本等发达国家基于银行增信的银行承兑汇票已基本完成自己的使命而退出历史舞台。

在当前金融政策环境下,票据服务实体经济的重心正不断下沉,并为更多中小企业所接受。2020年,中小微企业用票金额达61万亿元,市场占比73.8%,同比增长35.5个百分点[①]。商业承兑汇票作为签发方便、流转迅速的支付工具,未来的深挖潜力巨大。但从我国近3年的商票市场发展数据来看,其承兑量、贴现量、转贴现量在票据市场占比分别为14%~15%、7%~8%、7%~9%[②]的水平,总体占比过低的结构性问题比较突出,特别是商票转贴现占比还趋于下降,表明企业凭借自身信用开立的商票在银行间市场流通不畅,交易活跃度不高,基本在企业间流转,主要体现支付结算功能,融资功能相对较弱。

商票市场认可度低的事实背后潜藏的原因是我国信用体系建设尚未健全,商票市场信息披露机制建设落后。商票的主要风险来源于兑付风险和欺诈风险,由于商票市场始终存在信息不对称的情况,基于现有信息市场参与者很难了解商票承兑企业的真实经营情况和信用状况,无法识别其风险并进行科学定价,也缺乏约束企业违约的有效手段。此外,近年来出现知名央企子公司公告宣称市场上出现假冒其名义开立的商票,也表明商票市场信息的不透明。因此,票据市场亟待补齐信息披露短板,这也将直接影响商票的发展前景。

二、商票信息披露工作稳步推进

为顺应票据市场供给侧结构性改革的现实需求、推动商票市场有序发展,

---

① 资料来源:票交所官网《图说"十三五"时期票据市场发展成就》、Wind、兴业研究《20210110摘要合集》。
② 资源来源:上海票据交易所。

2020年以来，中国人民银行指导推动市场主体开展了诸多有益尝试：2020年1月16日，票交所推进票据信息披露平台上线运行；2020年9月18日，中国人民银行等八部门在《关于规范发展供应链金融、支持供应链产业链稳定循环和优化升级的意见》（银发〔2020〕226号）中明确要"加快实施商业汇票信息披露制度"；2020年12月23日，中国人民银行在充分征求市场意见后正式发布《规范商业承兑汇票信息披露》，其核心要点在于商票信息披露约束机制被正式确定，并于2021年8月1日起实行；2020年12月30日，票交所发布《商业承兑汇票信息披露操作细则》。由此，我国商票信披机制正在逐步完备，市场各参与方明确责任义务，构建新的商票业务生态。

从票交所上线的票据信息披露平台推广情况来看，企业可在信息披露平台自主注册后，从票据承兑信息、承兑信用信息两个维度进行信息披露，市场机构可通过平台查询企业披露的票据相关信息。截至2020年末，在平台开展票据信息披露的企业418家，披露金额约1000亿元，尚存在参与企业信息披露的活跃度不高、信息披露的持续性不足、信息披露不够及时、承兑信用信息相对披露较少等问题。上述一系列规范性文件的出台，特别是信披约束机制的推出，将切实增强承兑企业披露信息的动力和压力，商票市场的信息透明度和流动性将不断提高。

具体来看，票交所发布的《商业承兑汇票信息披露操作细则》明确了参与方的责任，对财务公司承兑信息披露、票据市场与债券市场的联动及信息披露受众群体提出了要求。

一是信息披露各参与方的责任。第一，承兑人企业对其披露信息的真实性、准确性、及时性和完整性负责。第二，金融机构在办理商业承兑汇票各项业务（贴现、质押、保证等）前，应当通过票据信息披露平台查询票据承兑信息，所得信息不存在或校验不符者，金融机构应拒绝办理上述各项业务。第三，承兑人披露信息出现延迟、虚假或者承兑汇票持续逾期的，金融机构应当审慎为承兑人办理银行承兑业务，审慎为承兑人承兑的票据办理贴现、质押、保证等业务。

二是财务公司承兑票据要求。财务公司承兑汇票参照商业承兑汇票制度执行。由于财务公司承兑电票在市场上被归类为电子银行承兑汇票，然而部分财务公司存在变相突破担保比例，借用票据加杠杆、短债长投的问题，财务公司承兑汇票比照商票纳入信披管理要求有助于提升市场风险识别力和约束力。

三是票据市场与债券市场联动。承兑人为上市公司或在债券市场有信息披露的，可将相关信用披露信息链接通过票据信息披露平台向公众披露。承兑人在债券市场发生违约的，可以通过票据信息披露平台披露相关信息。

四是信息披露受众群体。该平台的受众群体包括金融机构、持票企业以及其他社会公众。查询人操作票据或相关业务时，可通过企业名称、统一社会信用代码或票据号码对披露信息进行检索以便参考。特别注意的是，查询人使用票据信息披露平台上的信息不得侵犯票交所合法权益。

三、商票信息披露机制将对市场发展产生深远影响

当前，西方国家金融机构多依托核心企业延伸对上下游中小微企业的融资支持，以供应链为纽带，通过可确认的贸易订单、服务商品所对应的应收账款直接进行融资支持，省略了如商业汇票、信用证等中间金融产品。结合国情来看，我国市场经济条件还没有发展到欧美发达国家以企业信用为基础的阶段，市场尚缺乏良好的商业信用体系。因此，推进我国商票信息披露工作成为社会信用体系建设不可缺少的步骤。未来，随着商业信用逐步发展，市场参与者的契约意识及信用意识逐步增强，商票信息披露机制在全市场的推广对推动后续商业承兑汇票市场健康发展将产生至关重要的影响。

一是商票市场的风险定价机制得到完善。良好而畅通的信息披露渠道可以真正实现市场主体"用脚投票"，优秀企业的市场价值能够被有效识别和定价，其真实的信用溢价通过票据流动性、定价表现出来，进一步降低融资成

本，并依托正向激励机制，带动市场参与者，进而助力和推动商票市场的进一步发展，有利于下一步票据信评机制的持续发展。

二是跨市场的交叉信息披露与约束框架初步成型。中国人民银行关于《规范商业承兑汇票信息披露》的公告提出"承兑人可以通过票据信息披露平台披露其他信用信息。承兑人在债券市场发生违约的，可以通过票据信息披露平台披露债券违约情况"。商票与债券交叉信息披露机制的搭建，也标志着跨市场的交叉信息披露与约束框架初步成型，违约者在其间任何一个市场违约都将付出相应的代价，监管与市场双向监督、惩戒警示恶意开票，特别是承兑量大、拒付多的企业将受到较大的市场冲击，更有利于发挥市场在资源配置中的决定性作用，淘汰落后产能，真正贯彻落实中央金融供给侧结构性改革决策。

三是商票信息披露的顶层制度设计功能凸显。商票信息披露机制的顶层设计充分展现了金融管理部门对完善社会信用体系建设的决心与勇气，也凸显中国票据市场迈向新征程的政策导向，将充分发挥"看不见的手"与"看得见的手"共同力量，提升票据市场业务透明度，化解信用主体风险识别难等长久困扰市场的难题，有效揭示票据业务风险，从而有利于促进商业汇票的流通，提升票据市场活力，更好地支持实体经济发展。

总的来说，商票信息披露制度靶向作用于商票市场发展的根基，构建了票据投资者与票据融资者之间的桥梁，既是解决我国商票体系痼疾的良方，也是深化金融市场改革的良好开端。在接下来的工作中，完善商票信披体系建设还需全市场范围内多方共同协作。金融管理部门将继续发挥引领作用，优化制度设计，权衡责任分配，促进市场参与者主动参与改革，为市场良性循环奠定坚实基础。

参考文献：

[1] 宋汉光. 中国票据市场历史回顾与未来发展的六点设想 [R]."陆家嘴资本夜话"系列讲坛第 24 期主题报告，2018:1-8.

[2] 江财九银票据研究院中国商票研究中心,广东华兴银行票据业务事业部,新华社金融信息中心.他山之石:高质量经济发展阶段商票的出路——蓄水与分流[R].2020:2-6.

[3] 逯剑,张虎.票交所时代完善票据业务监管的若干建议[J].中国银行业,2017(6):42-45.

[4] 上海票据交易所.2020年票据市场发展回顾[R/OL].2021-01-19(2021-04-04).http://www.shcpe.com.cn/content/shcpe/research.html?articleType=research&articleId=WZ20210119135144834311999O784.

[5] 上海票据交易所."十四五"时期票据市场发展展望[R/OL].2021-01-25(2021-04-07).http://www.shcpe.com.cn/content/shcpe/research.html?articleType=research&articleId=WZ20210125135361832357600O512&yikikata=1bdd6c3c-6e93417fb8b6955b51ff8699e4cb803d.

[6] 钟言.完善债券信息披露体系建设[J].债券,2021(2):3-4,6.

操作实务

票据信息披露平台试运行情况

上海票据交易所

历经近一年的试运行，票据信息披露试点工作持续推进，平台注册和披露用户数量持续增加，市场关注度和用户活跃度逐渐提升，为商业承兑汇票信息披露机制正式落地实施进行了积极探索。截至2021年2月末，票据信息披露平台注册用户数达到459家，其中企业409家、财务公司50家，注册用户覆盖全国25个省份，披露承兑信息的票据超18万张，披露金额超1300亿元。票据信息披露平台试运行以来，累计公众查询量约38万次。

票据信息披露平台试运行期间，围绕制度制定、系统建设、推广宣传等方面展开平台建设工作。

一是积极完善配套制度。在广泛征求相关部门、金融机构、企业意见基础上，研究制定配套制度文件《商业承兑汇票信息披露操作细则》。

二是全力开展平台服务保障工作。密切关注系统业务运行情况与试点机构披露情况，开展系统运行情况日常检查、业务咨询、技术支持和用户服务等工作。

三是持续优化系统功能。2020年2月上线用户自主注册功能，定期开展版本优化工作。与此同时，研究推出金融机构信息披露便捷查询功能，优化后台管理流程，有效提升企业用户操作效率和用户体验。

四是积极开展信息披露平台宣传推广。通过上海票据交易所官网、公众号、新闻媒体等多种渠道，运用宣传稿件、用户答疑、培训授课等多种形式，积极加强票据信息披露宣传推广工作，广泛宣传票据信息披露相关要求和意义，切实提高市场关注度和参与度。

票据信息披露平台
操作要点（2021年4月）

上海票据交易所

1. 系统概述

票据信息披露平台是上海票据交易所（以下简称票交所）建设运营的披露与票据业务相关信息的平台，经注册、认证的承兑机构可通过本平台披露票据承兑信息和承兑信用信息，社会公众可在本平台查询已披露的相关票据信息。

票据信息披露平台网址为：http://disclosure.shcpe.com.cn。

本操作要点中"用户"是指拥有电票业务账户的企业和财务公司。

1.1 披露内容和统计口径

（一）票据承兑信息

指承兑人已承兑单张票据的主要票面信息，包括出票日期、承兑日期、票据号码、出票人名称、承兑人名称、承兑人统一社会信用代码、票面金额、票据到期日等。

（二）承兑信用信息

指承兑人承兑票据的整体信用情况，包括累计承兑发生额、承兑余额、累计逾期发生额、逾期余额等。

累计承兑发生额、承兑余额、累计逾期发生额、逾期余额的统计范围为自用户注册成功之日起承兑人的新增承兑业务数据，存量业务不纳入统计。

1. 累计承兑发生额是指当年累计承兑发生额，即当年1月1日至披露日上一月月末累计承兑的电子商业汇票总金额。收款人未签收的电子商业汇票不计入承兑人的累计承兑发生额内。

2. 承兑余额是指截至披露日上一月月末，承兑人已承兑但未结清的电子商业汇票总金额。承兑余额统计既包括未到期电子商业汇票，也包括已到期但未结清的电子商业汇票。收款人未签收的电子商业汇票不计入承兑人的承兑余额内，自收款人签收日起计入承兑余额内。

3. 累计逾期发生额是指截至披露日上一月月末，近5年内发生过逾期的全部电子商业汇票总金额。

4. 逾期余额是指截至披露日上一月月末，承兑人已逾期但未结清的电子商业汇票总金额。

逾期统计口径：

（1）持票人未发起提示付款的电子商业汇票不计入逾期统计。

（2）承兑人在票据到期后拒绝付款*或未在规定期限内应答的行为构成逾期，计入逾期统计。

*拒绝付款当日内将票据结清的，不计入逾期统计。

（3）承兑人在票据到期后出现以下情况的，构成（2）中所称"未在规定期限内应答"：

未贴现电子银行承兑汇票持票人发起提示付款后，承兑人在提示付款日次1个工作日*内未应答的；

未贴现电子商业承兑汇票持票人发起提示付款后，承兑人在提示付款日次日起第4日*内未应答的；

已贴现电子商业汇票，发起提示付款后，承兑人在提示付款日当日*未应答的。

*以上付款截止日期遇法定休假日、大额支付系统非营业日、票交所系统非营业日顺延。

1.2 系统运行时间

1. 社会公众查询时间：7天×24小时；

2. 用户披露操作开放时间：每日8:00~20:00。

1.3 操作流程概述

（一）披露用户注册

企业和财务公司首次登录票据信息披露平台需进行用户注册，用户注册主要包括基础信息登记和电票业务账户绑定两个步骤。

1. 基础信息登记。

企业或财务公司在页面填写统一社会信用代码、法定代表人名称、电子邮箱、登录密码、联系人、手机等信息后由系统进行校验，校验通过的进入下一步。

2. 电票业务账户绑定。

企业和财务公司电票业务账户绑定的方式略有不同：

（1）企业通过向票交所信息披露验证专户（收款人）新签发一张随机金额的电子商业汇票完成身份认证和电票业务账户绑定。

（2）财务公司通过验证其历史承兑票据完成身份认证和电票业务账户绑定。

（二）信息披露

目前，系统支持用户根据系统推送披露票据信息和自主填写披露票据信息两种披露操作方式。

1. 根据系统推送披露票据信息。

（1）票据承兑信息披露：票据收票人签收日次日起，票据承兑人可在平台查看尚未披露的票据承兑信息，确认无误后可直接披露推送信息。社会公众可于用户确认披露后查询到相关披露信息。

（2）承兑信用信息披露：每月前10日内，平台会向用户推送系统统计的截至上一月月末的票据承兑信用信息，用户确认无误后可直接披露推送信息。社会公众可于用户确认披露后查询到相关披露信息。

2. 自主填写披露票据信息。

（1）票据承兑信息披露：用户自行填写提交拟披露的票据承兑信息，成功提交后社会公众可查询到相关披露信息。

用户自主填写披露票据承兑信息的，系统将于成功提交后进行信息比对，备注"披露信息与系统信息相符"或"披露信息与系统信息不符"；当系统暂未比对，或未采集到相关票据信息时，系统将备注"披露信息暂未比对"。

（2）承兑信用信息披露：用户自行填写提交拟披露的承兑信用信息，成功提交次日社会公众可查询到相关披露信息。

承兑信用信息上传的窗口期为每月前10日，用户仅能提交截至上一月月末的承兑信用信息。用户自主填写时可于企业备注栏备注需要说明的内容。

（三）公众查询

社会公众可直接访问票据信息披露平台查询已披露的票据承兑信息和承兑信用信息。

2. 用户注册与管理

2.1 用户注册

【注册流程】

披露用户首次登录票据信息披露平台时，需进行用户注册。用户注册主要包括基础信息登记和票据业务账户绑定两个步骤。

企业注册流程如下：

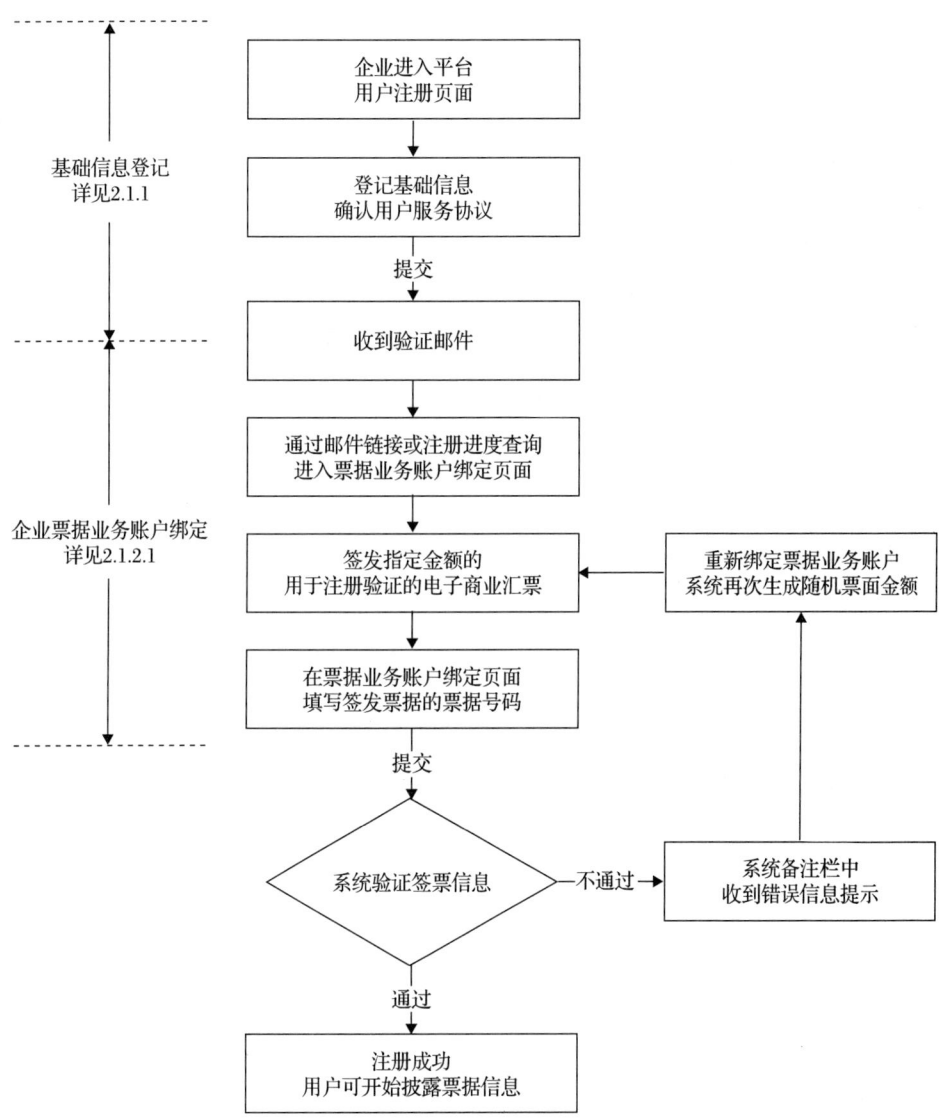

财务公司注册流程如下：

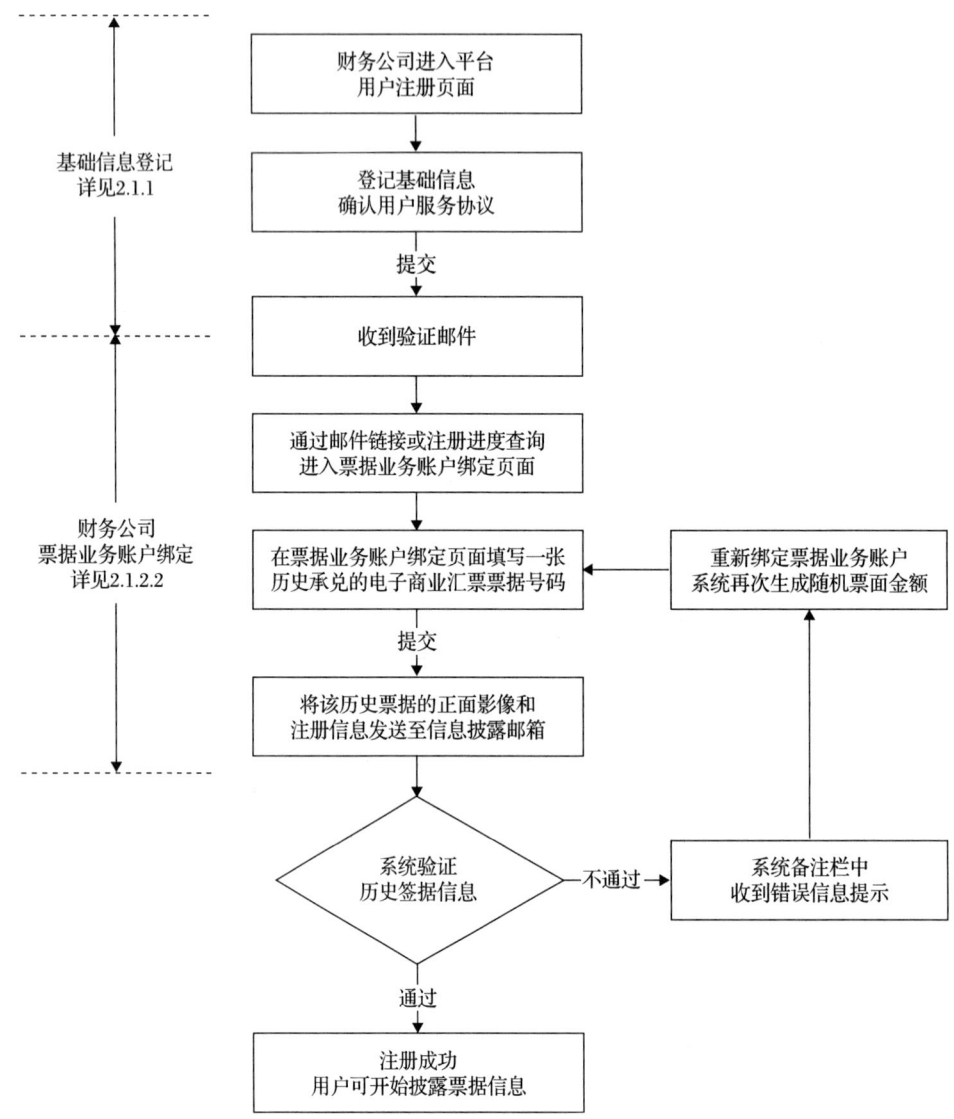

2.1.1 基础信息登记

【功能描述】

用户进行基础信息登记。

【菜单位置】

票据信息披露平台首页→注册

【模块页面】

【输入域】

统一社会信用代码、承兑人机构类别、法定代表人姓名、电子邮箱、登录密码、联系人、手机、通信地址、邮编、传真。

【操作步骤】

1.新用户登录信息披露平台首页，点击右上角"注册"按钮，填写用户基础信息。

2.用户阅读并确认同意《商业汇票信息披露平台用户服务协议》，点击"提交"按钮，完成基础信息登记验证后，用户预留邮箱会收到系统自动发送的验证邮件。

【重要说明】

1.统一社会信用代码、承兑人机构类别、法定代表人姓名、电子邮箱、登录密码、联系人、手机、通信地址为用户基础信息登记必填项，其他内容为选填项。

2. 验证邮件中包含验证链接、业务编号和业务验证码。

2.1.2 票据业务账户绑定

2.1.2.1 企业票据业务账户绑定

【功能描述】

企业通过签发指定票据完成身份认证和账户绑定。

【菜单位置】

邮箱链接→注册进度

或

票据信息披露平台首页→注册进度

【模块页面】

↑注册进度查询页面

↑企业注册填写票号页面

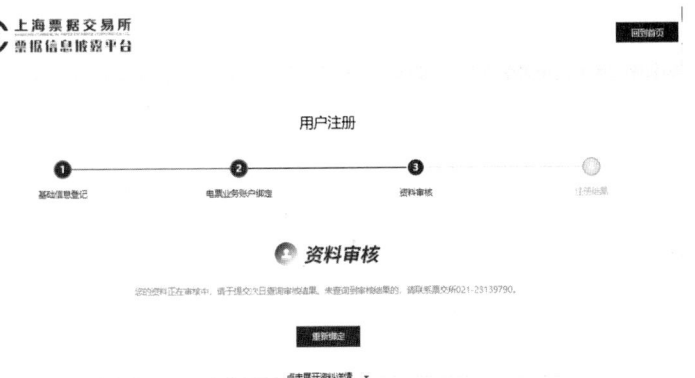

↑已提交等待资料审核页面

【输入域】

业务编号、业务验证码、票据号码

【操作步骤】

1. 企业用户通过验证邮件中的链接或点击平台首页"注册进度"按钮，输入正确的业务编号和业务验证码后进入票据业务账户绑定页面，页面会展示一个指定的签票验证票面金额。

2. 用户用其票据业务账户签发一张电子商业汇票，票据相关要素如下：

承兑人名称与出票人名称一致，为用户自身；

收款人账号：97990078801500001704

收款人名称：上海票据交易所股份有限公司商业汇票信息披露验证专户；

收款人开户行：上海浦东发展银行第一营业部；

收款人开户行大额支付行号：310290098012；

票面金额：系统页面展示的指定签票验证票面金额。

3. 用户在电票业务账户绑定页面填写签发票据的票据号码，然后点击"提交并注册"按钮。

4. 完成提交后，用户可通过"注册进度"查看注册结果。系统校验通过后，用户注册成功，可立即开展信息披露；系统校验未通过的，用户可在系统备注栏内查看错误信息，并可选择重新绑定票据业务账户。

【注意事项】

1.新用户注册收到的业务验证码具有有效期限,用户收到后需在有效期内完成企业票据业务账户绑定。

2.票据业务账户绑定校验未通过的,或票据号码填写错误需要重新填写的,用户可点击页面的"重新绑定"按钮,重新填写票据号码。

【重要说明】

1.企业签发指定金额的票据仅用于注册验证,上海票据交易所作为收款人对此票据不予签收。

2.企业仅需按要求完成出票信息登记,获取到30位电子商业汇票号码后,即可将该票据撤回。

2.1.2.2 财务公司票据业务账户绑定

【功能描述】

财务公司通过验证历史票据完成身份认证和账户绑定。

【菜单位置】

邮箱链接→注册进度

或

票据信息披露平台首页→注册进度

【模块页面】

↑注册进度查询页面

操作实务

↑财务公司注册填写票号页面

↑已提交等待资料审核页面

【输入域】

业务编号、业务验证码、票据号码

【操作步骤】

1.财务公司用户通过验证邮件中的链接或点击平台首页"注册进度"按钮，输入正确的业务编号和业务验证码后进入票据业务账户绑定页面。

2.用户在电票业务账户绑定页面"票据号码"一栏填写一张公司历史承兑电子商业汇票的票据号码，并通过公司会员接入时在票交所预留的指定邮箱向信息披露系统邮箱（ids@shcpe.com.cn）发送邮件，邮件内容应包含承兑人名称、承兑人开户行行号、承兑人组织机构代码、签票验证票面金额,并将填写的票据号码对应的票据正面信息影像扫描件作为附件一同发送。票据正面信息影像需加盖公司公章。

3. 用户在票据业务账户绑定页面完成票据号码填写后,点击"提交并注册"按钮。完成提交后,该笔业务的业务状态为"进行中",用户可通过"注册进度"查看注册结果。

4. 票交所通过信息披露系统邮箱收到用户注册邮件后,会安排人员对相关资料进行审核。审核通过后,用户注册成功,可立即开展信息披露;审核未通过的,用户可在系统备注栏内查看错误信息,并联系票交所对接人员进行后续处理。

【注意事项】

1. 新用户注册收到的业务验证码具有30天有效期,用户收到后需在有效期内完成企业票据业务账户绑定。

2. 票据业务账户绑定校验未通过,或票据号码填写错误需要重新绑定的,用户可点击绑定页面的"重新绑定"按钮,修改验证票据号码进行重新绑定。

2.1.3 注册进度查询

【功能描述】

用户可通过业务编号和业务验证码查询注册进度。

【菜单位置】

票据信息披露平台首页→注册进度

【模块页面】

↑注册进度查询页面

↑注册进度查询：仍在资料审核中页面

↑注册进度查询：注册失败页面

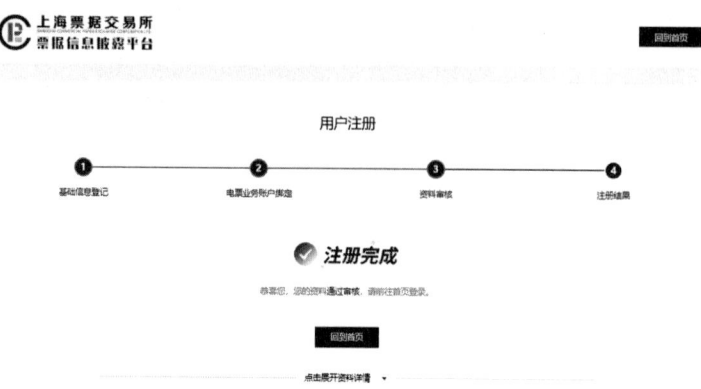

↑注册进度查询：注册完成页面

【输入域】

业务编号、业务验证码。

【操作步骤】

用户输入业务编号和业务验证码，点击"查询"按钮，可查看注册进度。

【重要说明】

用户注册完成，系统将显示业务状态为"已完成"，用户可通过企业编号或预留邮箱登录。

2.2 用户管理

2.2.1 用户信息修改

2.2.1.1 用户基础信息修改

【功能描述】

用户可在信息修改页面对基础信息进行修改。

【菜单位置】

用户管理→用户信息修改

【模块页面】

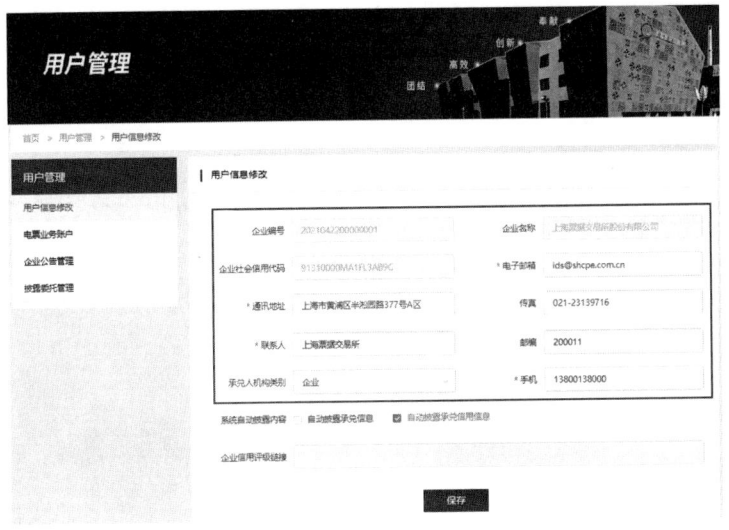

【输入域】

电子邮箱、通信地址、联系人、邮编、手机、传真。

【操作步骤】

用户进入信息修改页面,对希望修改的注册信息进行修改,修改完毕后点击"保存"按钮进行确认。

2.2.1.2 用户自动披露模式设置

【功能描述】

用户可设置票据承兑信息和承兑信用信息的自动披露模式。

【菜单位置】

用户管理→用户信息修改

【模块页面】

【输入域】

系统自动披露内容

【操作步骤】

在用户信息修改页面,用户可设置票据承兑信息和承兑信用信息披露模式,勾选需要设置自动披露的项目,点击"保存"即可生效。如需关闭自动披露模式,用户只需将方框内的"√"点击取消,并保存设置即可。

【重要说明】

1.用户成功设置自动披露模式后,系统会从设置成功之时起,将每日新增的推送数据自动披露,设置成功之前推送的历史数据不会自动披露。

2.存在披露委托关系的用户,委托人的信息是否自动披露不取决于委托人设置的自动披露模式,而是取决于受托人设置的自动披露模式。

2.2.2 用户票据业务账户新增

2.2.2.1 企业票据业务账户新增

【功能描述】

用户可绑定在不同开户行开立的电票业务账户。

【菜单位置】

用户管理→电票业务账户→新增电票业务账户

【模块页面】

↑电票业务账户页面

↑新增电票业务账户页面

【输入域】

票据号码

【操作步骤】

1.用户进入"新增电票业务账户"页面，按照系统提示签票验证票面金额签发一张电子商业汇票，票据相关要素如下：

承兑人名称与出票人名称一致，为用户自身；

收款人账号：97990078801500001704；

收款人名称：上海票据交易所股份有限公司商业汇票信息披露验证专户；

收款人开户行：上海浦东发展银行第一营业部；

收款人开户行大额支付行号：310290098012；

票面金额：系统页面展示的指定签票验证票面金额。

2. 用户填写签发票据的票据号码并点击"提交"按钮。

2.2.2.2　财务公司票据业务账户新增

【功能描述】

用户可绑定在不同开户行开立的票据业务账户。

【菜单位置】

用户管理→电票业务账户→新增电票业务账户

【模块页面】

↑电票业务账户页面

↑新增电票业务账户页面

【输入域】

票据号码

【操作步骤】

1.用户进入"新增电票业务账户"页面，在"票据号码"一栏填写一张公司历史承兑电子商业汇票的票据号码，并通过公司会员接入时在票交所预留的指定邮箱向信息披露系统邮箱（ids@shcpe.com.cn）发送邮件，邮件内容应包含承兑人名称、承兑人开户行行号、承兑人组织机构代码、签票验证票面金额，并将填写的票据号码对应的票据正面信息影像扫描件作为附件一同发送。票据正面信息影像需加盖公司公章。

2.用户在新增电票业务账户页面完成票据号码填写后，点击"提交并注册"按钮。完成提交后，用户可在"电票业务账户"页面查看相应的业务状态。

2.2.3 用户票据业务账户解绑

【功能描述】

用户可对已在系统内绑定的电票业务账户进行解绑。

【菜单位置】

用户管理→电票业务账户

【模块页面】

【操作步骤】

1. 用户进入电票业务账户页面，可查看所有已绑定和待绑定的电票业务账户信息。

2. 用户确认解绑该账户的，点击"解绑"按钮，系统会弹出对话框对账户解绑进行确认，用户确认完成电票业务账户解绑。

2.2.4 密码管理

2.2.4.1 忘记密码

【功能描述】

用户忘记密码时通过预留电子邮箱或企业编号找回密码。

【菜单位置】

票据信息披露平台首页→登录→忘记密码

【模块页面】

【输入域】

用户名(预留电子邮箱或企业编号)。

【操作步骤】

1.用户进入登录页面,点击"忘记密码"按钮,填写用户名,系统会向预留电子邮箱发送重置密码链接。

2.用户根据提示重新设置登录密码。

2.2.4.2 修改密码

【功能描述】

用户可对登录密码进行修改。

【菜单位置】

用户管理→修改密码

【模块页面】

【输入域】

旧密码、新密码。

【操作步骤】

用户进入密码修改页面,输入旧密码、新密码后点击"确认修改"按钮,完成密码修改。

2.3 披露委托管理

2.3.1 披露委托关系建立

2.3.1.1 申请建立披露委托关系

【功能描述】

企业和财务公司可申请与其他已注册用户建立披露委托关系。

【菜单位置】

用户管理→披露委托管理→新建披露委托

【模块页面】

【输入域】

受托人企业名称/统一社会信用代码

【操作步骤】

用户在披露委托管理页面，点击"新建披露委托"按钮，输入拟建立委托关系的企业名称或统一社会信用代码，在下拉选项中进行选择，点击"保存"按钮并确认后提交等待受理。

【注意事项】

1.系统仅支持委托人向受托人发起申请，不支持受托人主动向委托人提出委托披露请求。

2.已存在委托关系的用户无法再申请建立其他披露委托关系。

3.已发起披露委托申请等待受理的用户无法再次提出申请，如需更换申请对象，请先将之前的委托申请撤回。

2.3.1.2 受理披露委托关系

【功能描述】

受托人可受理其他用户发起的披露委托关系申请。

【菜单位置】

用户管理→披露委托管理→委托申请

【模块页面】

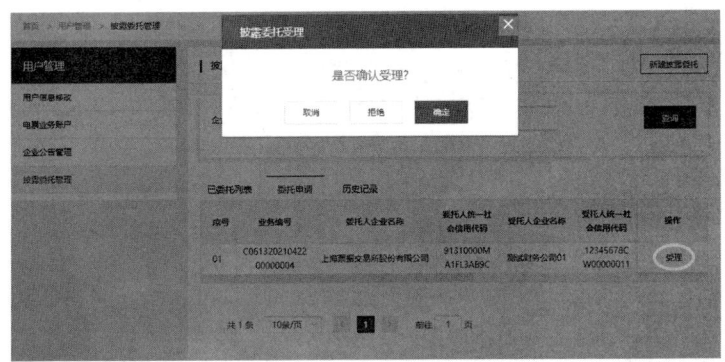

【操作步骤】

用户在披露委托管理页面,进入"委托申请"菜单,查看其他用户发起的披露委托申请。点击"受理"按钮,系统会弹出对话框,用户可接受或拒绝该条披露委托申请。

【注意事项】

1.同一用户可接受多个用户的披露委托申请,即可以协助多个用户完成信息披露。

2.已成功委托其他用户披露的企业或财务公司,无法作为受托人接受委托申请。

【重要说明】

1.披露委托关系正式建立后,受托人可在电票业务账户页面查看委托人已绑定的电票业务账户信息。

2.系统会将推送给委托人的票据承兑信息和承兑信用信息同步推送给受托人。

3.受托人可代理委托人执行信息披露操作,但受托人无法进行以下操作:

(1)新增绑定或解绑委托人的电票业务账户;

(2)修改委托人的基本信息、登录密码等;

(3)以委托人名义发布公告等。

2.3.1.3 解除披露委托关系

【功能描述】

委托人和受托人可解除已建立的披露委托关系。

【菜单位置】

用户管理→披露委托管理→已委托列表

【模块页面】

【操作步骤】

用户在披露委托管理页面,进入"已委托列表"菜单,查看当前生效的披露委托关系。点击"解除"按钮,系统会弹出对话框,用户确认后披露委托解除。

【注意事项】

1.委托人和受托人均可主动解除已建立的披露委托关系,且解除关系无须对方确认即可生效。

2.解除披露委托关系生效后,原受托人将立即看不到原委托人的电票业务账户信息和系统推送信息,也不能代理原委托人披露任何信息。

2.3.2 委托进行信息披露操作

【功能描述】

委托人可代理委托人披露票据承兑信息和承兑信用信息。

【菜单位置】

信息披露→票据承兑信息披露

或

信息披露→票据承兑信用信息披露

【模块页面】

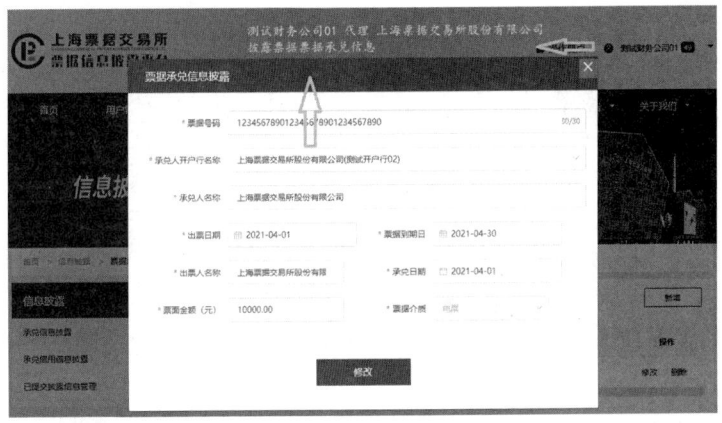

【操作步骤】

1.通过系统推送披露信息。受托人在推送页面找到系统推送的委托人未披露的票据承兑信息或承兑信用信息,通过勾选确认完成披露。

2.自主填写披露信息。受托人在相应页面点击"新建自主填写披露"按钮,进入自主填写票据承兑信息或承兑信用信息页面,再点击"新增"即可开始填写。填写承兑人信息时,受托人可选择委托人对应的电票业务账户,信息填写完毕后,保存、提交、确认,即可完成相应信息的自主填写披露。(见上页图)。

3.以上两种披露方式的操作流程与委托人披露自身信息一致（详情参见第四章：信息披露）。

3. 信息披露

3.1 票据承兑信息披露

3.1.1 通过系统推送披露票据承兑信息

3.1.1.1 逐条披露

【菜单位置】

信息披露→承兑信息披露

【模块页面】

【输入域】

承兑日期、票据到期日、企业票据业务账户、票据号码。

【操作步骤】

1.用户进入承兑信息披露页面，可查看截至前一日日终承兑人已承兑且收款人已收票的未披露票据明细。

2.用户可通过票据号码、承兑日期、票据到期日、企业票据业务账户四个字段筛选相应记录。

3.用户勾选拟披露票据承兑信息后,点击"披露"按钮,系统弹出再次确认对话框,用户点击"确定"按钮后完成披露,社会公众可立即查询到相关披露信息。

3.1.1.2 一键披露

【菜单位置】

信息披露→承兑信息披露

【模块页面】

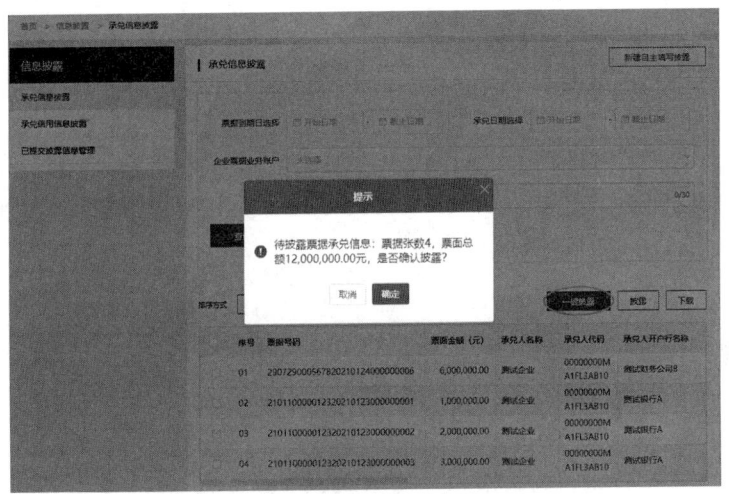

【输入域】

承兑日期、票据到期日、企业票据业务账户、票据号码。

【操作步骤】

1.用户进入票据承兑信息披露页面,可查看截至前一日日终承兑人已承兑且收款人已收票的未披露票据明细。

2.用户可通过票据号码、承兑日期、票据到期日、企业票据业务账户四个字段筛选相应记录。

3.用户查看拟披露票据承兑信息，确认无误后，点击"一键披露"按钮，系统弹出再次确认对话框，用户点击"确定"按钮后披露当前筛选条件下可披露的全部票据，社会公众可立即查询到相关披露信息。

3.1.2 自主填写披露票据承兑信息

【菜单位置】

信息披露→承兑信息披露→新建自主填写披露

【模块页面】

↑承兑信息披露页面

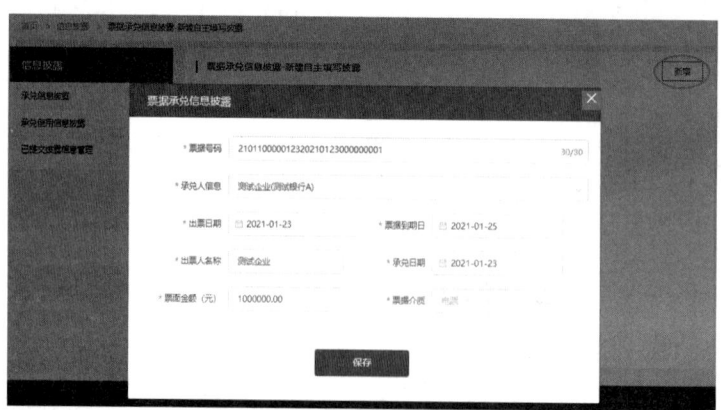

↑新建自主填写披露页面

【输入域】

票据号码、承兑人信息、出票日期、票据到期日、出票人名称、承兑日期、票面金额

【操作步骤】

1.用户进入自新建自主填写披露页面，填写拟披露的票据承兑信息。若用户需要同时披露多条票据承兑信息，可多次点击"新增"按钮，添加承兑票据信息。

2.所有票据承兑信息添加完毕后，用户点击页面中"提交"按钮，系统弹出再次确认对话框，用户点击"确定"按钮后，社会公众可立即查询到相关披露信息。

【注意事项】

1.请如实填写票据承兑信息。若填写的信息与系统内记载信息比对不一致，系统将在该条已披露记录的"系统备注"中标注"披露信息与系统信息不符"。

2.系统于每日日终时采集当日新增已承兑票据信息，当用户自主填写提交信息为当日承兑的票据信息，系统将提示"系统暂未采集到您拟披露的第【x】条票据承兑信息，请确认是否披露"。用户点击"确定"，则上传披露内容；点击"取消"，则返回披露页面，用户可修改已填写信息。

3.用户成功进行披露信息上传操作后，完成披露。

3.2 票据承兑信用信息披露

3.2.1 通过系统推送披露票据承兑信用信息

【菜单位置】

信息披露→承兑信用信息披露

【模块页面】

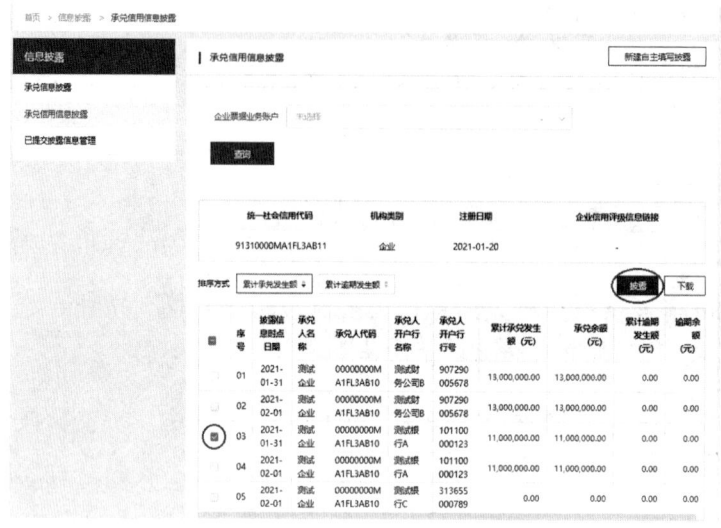

【输入域】

企业票据业务账户。

【操作步骤】

1.每月1日起，用户可进入承兑信用信息披露页面，查看截至上一月月末系统统计的票据承兑信用信息。

2.在票据承兑信用信息披露窗口期内，用户勾选上一月月末承兑信用信息后，点击"披露"按钮，系统弹出再次确认对话框，用户点击"确定"按钮后，社会公众可立即查询到相关披露信息。

【重要说明】

票据承兑信用信息披露窗口期内，用户在"承兑信用信息披露"页面能查看截至上一月月末系统统计的承兑信用信息，该信息可用于信息披露。另外，用户每天可以查看截至T-1日系统推送的承兑信用信息，但该信息仅供参考，不用于信息披露。

3.2.2 自主填写披露票据承兑信用信息

【菜单位置】

信息披露→承兑信用信息披露→新建自主填写披露

【模块页面】

↑承兑信用信息披露页面

↑新建自主填写披露页面

【输入域】

累计承兑发生额、承兑余额、累计逾期发生额、逾期余额、承兑人信息、企业备注。

【操作步骤】

1. 在票据承兑信用信息披露窗口期内，用户进入自主填写披露页面，填写拟披露的承兑信用信息。需同时披露多个企业票据业务账户的，用户可多次点击"新增"按钮添加相应信息。

2. 票据承兑信用信息添加完毕后，用户点击"提交"按钮，系统弹出再次确认对话框，用户点击"确定"按钮后，社会公众可立即查询到相关披露信息。

【注意事项】

请如实填写票据承兑信用信息。若披露信息与系统内记载信息比对不一致的，系统将在系统备注栏中标注"披露信息与系统信息不符"。

【重要说明】

1. 累计承兑发生额、承兑余额、累计逾期发生额、逾期余额、承兑人信息为必填项，企业备注为选填项。

2. 用户填写拟披露信息时可在企业备注栏中对该记录进行说明，内容不超过500字。

4. 披露查询

4.1 票据承兑信息查询

【菜单位置】

票据信息披露平台首页→票据承兑信息披露查询

或

披露查询→票据承兑信息披露查询

【模块页面】

↑票据承兑信息查询结果页面

↑了解详情页面

【输入域】

承兑日期、承兑人名称或统一社会信用代码、票据号码。

【操作步骤】

社会公众进入票据承兑信息披露查询页面,通过承兑人或票据号码查询已披露的票据承兑信息。

4.2 票据承兑信用信息查询

【菜单位置】

票据信息披露平台首页→票据承兑信用信息披露查询

或

信息披露查询→票据承兑信用信息披露查询

【模块页面】

↑票据承兑信用信息查询结果页面

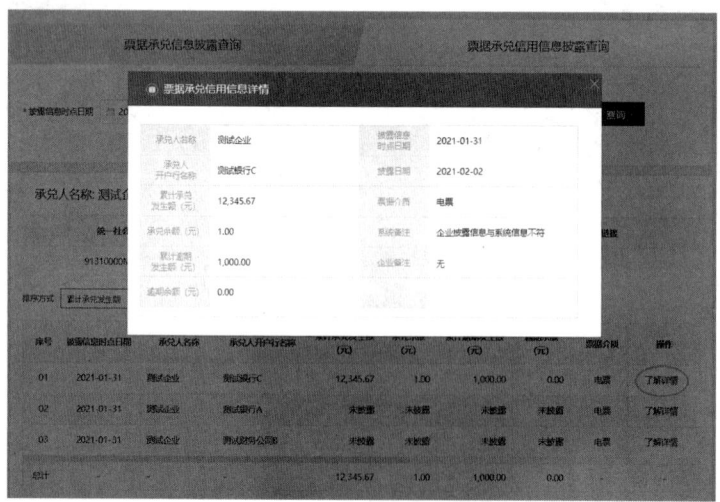

↑了解详情页面

【输入域】

披露信息时点日期、承兑人名称或统一社会信用代码

【操作步骤】

社会公众进入票据承兑信用信息披露查询页面，对披露信息时点日期和承兑人名称设置筛选条件，查询已披露的承兑信用信息。

5. 企业公告管理

企业和财务公司可在票据信息披露平台发布与企业票据业务和日常经营相关的承兑人公告。目前，发布公告需由票交所对公告内容进行审核，如需发布公告，请联系票交所。

5.1 公告列表

【功能描述】

企业和财务公司可查看本用户已创建的全部公告。

【菜单位置】

用户管理→企业公告管理

【模块页面】

【输入域】

公告标题、发布时间、审核状态、公告状态。

【操作步骤】

用户进入企业公告管理页面，可查看本用户已创建的全部公告，并可根据公告标题、发布时间等条件对公告进行筛选。

5.2 发布公告

5.2.1 新增或编辑公告

【功能描述】

用户可新增或编辑本用户暂未发布的公告。

【菜单位置】

用户管理→企业公告管理

【模块页面】

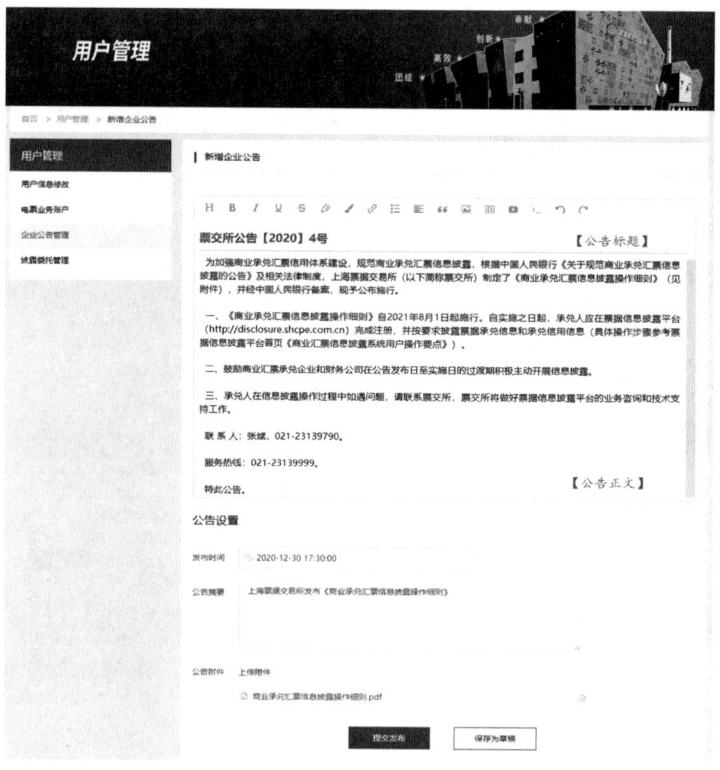

↑公告编辑页面

↑公告提交等待审核页面

【输入域】

公告内容(公告标题、公告正文)、公告设置(发布时间、公告摘要、公告附件)。

【操作步骤】

1.用户进入企业公告管理页面,点击"新增企业公告"按钮,或点击已创建未发布公告的"编辑"按钮,可对拟发布的公告进行编写和修改。

2.如编辑公告内容当中需要暂时离开页面的,可点击"保存为草稿"按钮,系统会将公告内容保存,用户可在下次登录后继续编辑该条公告。

3.编辑完毕后,用户点击"提交发布"按钮,该条公告将进入审核流程,此时公告审核状态为"发布审核中",公告状态为"审核中"。

5.2.2 查看公告审核状态

【功能描述】

用户可查看公告的发布状态。

【菜单位置】

用户管理→企业公告管理

【模块页面】

↑公告审核不通过页面

↑公告审核通过页面

【输入域】

公告标题、发布时间、审核状态、公告状态。

【操作步骤】

用户进入企业公告管理页面,可查看已提交发布公告的审核状态。

1. 如公告未通过审核,该条公告的审核状态将变为"发布审核不通过",公告状态回退为"草稿",用户可编辑并再次将该公告提交管理员审核。

2. 如公告通过审核,则审核状态将变为"已发布",公告状态也将变为"已发布"。用户和社会公众可在票据信息披露平台"通知公告→承兑人公告"栏目中查看已发布的公告。

【重要说明】

用户已发布的公告无法撤回,请在发布前仔细审核拟发布内容,以免对企业造成不良影响。

5.3 公告展示

【功能描述】

社会公众可查看承兑人已发布的公告。

【菜单位置】

通知公告→承兑人公告

【模块页面】

↑查看承兑人公告页面

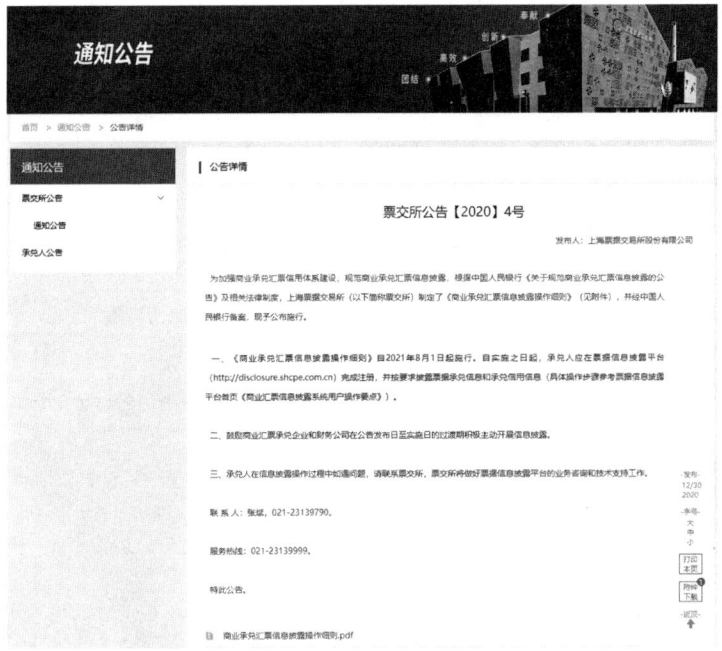

↑公告详细内容页面

【输入域】

公告标题关键字。

【操作步骤】

1. 社会公众进入承兑人公告页面，可查看各承兑人已发布的公告，并可以通过输入公告标题关键字对目标公告进行快速搜索。

2. 点击拟查看的公告标题，即可查看该公告的详细内容，附件可点击下载查看。

票据信息披露平台
常见问题汇总

上海票据交易所

一、开展票据信息披露的主体是谁?

开展票据信息披露的主体为承兑商业汇票的企业和财务公司。上海票据交易所(以下简称票交所)作为票据市场基础设施,为信息披露企业提供技术支持,协助承兑人及时、高效披露相关信息,并加强监测,对承兑人披露信息延迟、承兑的票据持续逾期及披露的信息与电子商业汇票系统记载信息不一致等情况进行提示。

二、承兑人开展票据信息披露要做哪些准备?

承兑人开展票据信息披露需要首先在票据信息披露平台进行注册。在注册流程中,承兑人需要依次绑定其开展票据业务的电票业务账户。承兑人完成以上准备工作后,可登录票据信息披露平台操作承兑信息披露和信用信息披露。

三、承兑人绑定电票业务账户需要哪些流程?

承兑人的电票业务账户是指承兑人在开户机构开立的用于签发承兑电子商

业汇票的账户。承兑人在票据信息披露平台绑定电票业务账户需要在开户机构开立的电票业务账户中以绑定用户自身为出票人和承兑人，以票交所为收款人按照绑定账户页面提示的随机金额操作出票信息登记。

四、企业如有多个票据业务账户，是否需要全部绑定？

请绑定所有开展电票业务的账户，账户绑定不全可能导致用户无法及时披露票据信息。注册后如需新增票据业务账户，可在系统中操作绑定。

五、企业签发一张用于绑定电票业务账户的电子商业汇票，是否会对承兑人业务造成影响？注册完成后这张票据该如何处理？

该票据仅用于注册验证，不会导致企业资金账户发生变动。注册用户在完成出票信息登记，获取到30位电子商业汇票号码后，可将该票据注销。

六、如何获取业务编号和业务验证码？

新注册用户可在注册预留邮箱中查收包含业务编号和业务验证码的邮件。

七、票据信息披露的内容和时限要求是什么？

承兑人应当于承兑完成日次1个工作日内披露每张票据的承兑信息，于每月前10日内披露上月末的承兑信用信息。承兑信息至少包括出票日期、承兑日期、票据号码、出票人名称、承兑人名称、承兑人统一社会信用代码、票面金额、票据到期日。承兑信用信息至少包括累计承兑发生额、承兑余额、累计逾期发生额、逾期余额。

八、承兑人不注册票据信息披露平台用户或不及时披露商业汇票信息对承兑人有哪些影响？

承兑人未在票据信息披露平台披露票据承兑信息，将无法办理票据贴现、质押、保证等业务。承兑人开展商业汇票承兑业务，但未在票据信息披露平台进行注册、连续3个月以上未披露承兑信用信息，票交所将通过票据信息披露平台进行提示。

九、进行信息披露操作时，票据信息能否批量导出？

目前系统支持对推送的票据承兑信息和承兑信用信息明细导出，用户可批量下载。

十、为什么系统推送的承兑信息缺少承兑过的某张票据？

系统仅为企业注册日后承兑且收票人收票的票据提供推送服务。若票据承兑人已完成承兑，但收款人暂未收票的，系统暂时不会将该票据信息推送至账户。待收款人收票完成后，系统会在次日将该条记录推送至承兑人账户。

十一、为什么系统推送的承兑信用信息数据与企业自己统计的数据不一致？

系统仅采集用户从注册成功日起的票据信息，仅统计收款人已签收的票据承兑数据。承兑人在注册日前签发的票据和未在当月披露时点日期前被收款人签收的票据，不纳入当月的承兑信用信息统计。

十二、商业汇票逾期如何界定？

持票人已发起提示付款，但承兑人在票据到期后拒绝付款或未在规定期限内应答的行为构成逾期。承兑人同意付款，但账户余额不足导致扣款失败的按照拒绝付款处理。承兑人在票据到期后出现以下情况的，属于"未在规定期限内应答"：

（一）未贴现电子银行承兑汇票持票人发起提示付款后，承兑人在提示付款日次1个工作日内未应答的；

（二）未贴现电子商业承兑汇票持票人发起提示付款后，承兑人在提示付款日次日起第4日（遇法定休假日、大额支付系统非营业日、电子商业汇票系统非营业日顺延）仍未应答的；

（三）已贴现电子商业汇票，发起提示付款后，承兑人在票据到期日当日未应答的。未贴现电子商业汇票持票人提前提示付款的，承兑人可以在票据到期日前拒绝付款，票面金额不计入承兑人逾期发生额。承兑人在票据到期日前未应答且持票人未撤回提示付款的，票据到期后，商业汇票信息披露系统按照持票人在到期日向承兑人发起提示付款来判断承兑人是否构成逾期。

十三、承兑人披露的信息票据信息披露平台是否会比对？

票据信息披露平台实时对承兑人披露的承兑信息和承兑信用信息与票据业务相关系统中记载的票据业务行为信息进行比对，并根据比对结果在披露信息中备注以下信息：

（一）信息比对一致的，备注"披露信息与系统信息相符"；

（二）信息比对不一致的，备注"披露信息与系统信息不符"；

（三）票据信息披露平台未采集到相关承兑信息进行比对的，备注"披露信息暂未比对"。

十四、票据信息披露和查询是否收费？

目前暂不收费。

大事记

商业承兑汇票信息披露
工作大事记

上海票据交易所

2020年1月15日,为加强票据市场信用体系建设,根据中国人民银行有关要求,上海票据交易所发布《关于商业汇票信息披露平台试运行有关事项的通知》(票交所发〔2020〕9号),1月16日,商业汇票信息披露平台上线试运行,试点工作正式开始。

2020年2月28日,为便利商业汇票承兑人披露票据相关信息,上海票据交易所发布《关于商业汇票信息披露平台自主注册功能上线的通知》(票交所发〔2020〕21号),上线商业汇票信息披露平台自主注册功能,商业汇票承兑人可在平台自主注册后开展信息披露工作,试点范围逐步扩大。

2020年6月5日,中国人民银行发布《关于规范商业汇票信息披露的公告(征求意见稿)》,6月7日,上海票据交易所发布《商业汇票信息披露操作细则(征求意见稿)》,面向社会公开征求商业汇票信息披露相关意见,以期通过规范承兑人商业汇票信息披露,建立承兑人信用约束机制,从而改善市场信用环境,促进商业汇票更好发挥其功能作用。

2020年9月18日,中国人民银行等八部门联合发布《关于规范发展供应链金融、支持供应链产业链稳定循环和优化升级的意见》,明确提出加快实施商业汇票信息披露制度,提升应收账款标准化和透明度,支持供应链票据发展和标准化票据融资。

2020年12月23日，中国人民银行发布公告（中国人民银行公告〔2020〕第19号），规范商业承兑汇票信息披露工作。公告自2021年8月1日起正式施行，明确票据信息披露约束机制，促进商业承兑汇票更好地发挥其功能作用。

2020年12月30日，上海票据交易所发布〔2020〕4号公告，出台《商业承兑汇票信息披露操作细则》，为信息披露提供具体操作指引。要求承兑人应在票据信息披露平台（http://disclosure.shcpe.com.cn）完成注册，并按要求披露票据承兑信息和承兑信用信息。